AF201981

Christoph Menke, geb. 1958, Professor am Institut für Philosophie der Goethe-Universität Frankfurt am Main. 2022 erschien *Theorie der Befreiung*. – Bei dem Beitrag handelt es sich um die ausgearbeitete Abschiedsvorlesung vom Februar 2025.
christoph.menke@normativeorders.net

Natan Sznaider, geb. 1954, Soziologe. 2024 erschien *Die jüdische Wunde. Leben zwischen Anpassung und Autonomie.*

Sebastian Huhnholz, geb. 1980, Politikwissenschaftler, Gastwissenschaftler am Hamburger Institut für Sozialforschung. 2019 erschien *Von Carl Schmitt zu Hannah Arendt? Heidelberger Entstehungsspuren und bundesrepublikanische Liberalisierungsschichten von Reinhart Kosellecks »Kritik und Krise«.*
sebastian.huhnholz@his-online.de

Alexander Blankenagel, geb. 1946, war Professor für öffentliches Recht, Russisches Recht und Rechtsvergleichung an der Humboldt-Universität zu Berlin. 2014 erschien *Den Verfassungsstaat nachdenken* (Hrsg.).
alexander.blankenagel@rewi.hu-berlin.de

Tobias Janz, geb. 1974, Professor für Musikwissenschaft an der Friedrich-Wilhelms-Universität Bonn, Mitherausgeber von *Musik & Ästhetik*. 2019 erschien *Decentering Musical Modernity* (Hrsg. zus. m. Chien-Chang Yang).
janz@uni-bonn.de

Jacob Weisberg, geb. 1964, Journalist. – Der Beitrag erschien unter dem Titel *The Lucky One* in der *New York Review of Books* vom 27. März 2025.

Mounir Zahran, geb. 1994, Wissenschaftlicher Mitarbeiter am Otto-Suhr-Institut für Politikwissenschaft der Freien Universität Berlin.
m.zahran@fu-berlin.de

Michaela Maria Müller, geb. 1974, Schriftstellerin, Historikerin. 2024 erschien der Roman *Zonen der Zeit*, 2025 *Klinsmann. Ein Briefroman.*
www.michaelamariamueller.de

Helmut Müller-Sievers, geb. 1957, Literaturwissenschaftler, Professor an der Universität Boulder, Colorado. 2025 erscheint *The Novel Experience. Reading Fiction with Nāgārjuna, Nietzsche, and William James.*
helmut.muller-sievers@colorado.edu

Christoph Paret, geb. 1985, Wissenschaftlicher Mitarbeiter am Institut für Philosophie der Universität Wien. 2023 erschien *Wer hat Angst vorm alten weißen Mann? Maren Ades Rendezvous mit Alain Badiou.*
christoph.paret@univie.ac.at

Anke Stelling, geb. 1971, freie Schriftstellerin. 2018 erschien der Roman *Schäfchen im Trockenen*, 2020 die Erzählungen *Grundlagenforschung*.
www.ankestelling.de

ZU DIESEM HEFT

Der Name Trump findet sich in dieser Ausgabe auf 104 Seiten insgesamt 37 mal – und damit deutlich häufiger als in den vorangehenden vier Heften zusammen. Hinter dieser auffälligen Wellenbewegung steht keine bewusste redaktionelle Strategie. Sie ist allein den geistigen Lähmungserscheinungen zuzuschreiben, die Trumps programmatische Disruptionen bei nahezu allen ausgelöst haben, die seine polydestruktive Agenda nicht ausdrücklich befürworten. Die wenigen Analysen dazu, die uns in dieser Zeit überhaupt angeboten wurden, waren vor allem Dokumente tiefster Ratlosigkeit.

Mittlerweile scheint zumindest die Schockstarre sich allmählich zu lösen. Helmut Müller-Sievers, der in Colorado lebt und lehrt, die Folgen von Trumps »Dauerfeuer der Erlasse« also aus nächster Nähe erlebt, merkt zwar selbst, wie schwierig es ist, unter solchen Umständen »über das eigene Überleben hinaus Pläne zu machen, an Widerstand zu denken und Politik zu entwerfen«. Aber er berichtet doch auch von einer ganzen Reihe neuer intellektueller Kartierungsversuche aus unterschiedlichen weltanschaulichen Milieus der USA.

Jacob Weisberg wiederum geht in seinem Rezensionsessay der Frage nach, welche charakteristischen Züge des erratischen Interventionismus der derzeitigen Regierung schon unter Ronald Reagan zur politischen Normalität im Weißen Haus geworden waren. Das führt einerseits zum ernüchternden Fazit, dass dieses Vorgehen mittlerweile »ohne Hemmungen, Gewissen oder Geschmack« zelebriert wird, schärft jedoch andererseits den Blick dafür, dass Trump weniger singulär ist, als er selbst es glauben machen möchte.

Aber vielleicht hat ja auch Christoph Paret Recht, der das zähe Ringen, das Phänomen Trump intellektuell angemessen zu fassen, von vornherein für aussichtslos erklärt: »Es gibt eine Unschlagbarkeit der Dummheit, die darin liegt, noch die Kritik an ihr dumm zu machen.«

CD/EK

Christoph Menke
Apologie der Institution

Die Praxis der Kritik

Die Diskussionen um die rechtspopulistischen Bewegungen und Politiken haben einen Begriff ins Zentrum gerückt, der in den Theoriearsenalen der letzten Jahrzehnte in den hinteren Kammern verstaubte (und, wenn überhaupt, nur in verschämt metaphorisierter Beugung Verwendung fand): den Begriff der Institution. Die Institution ist der Punkt, auf den die Angriffe sich richten. Es geht um »Disruption«: darum, die bestehenden Institutionen zu besetzen, um sie nicht nur zu delegitimieren, sondern sie auszuhöhlen und zum Einsturz zu bringen. Darin liegt die Wahrheit der elitären, in der Tendenz antidemokratischen Kritik am »Populismus« dieser Politiken: dass es nicht mehr bloß um andere Werte, Normen, Prinzipien geht, durch die die bestehenden Institutionen neu ausgerichtet werden sollen; ja, nicht einmal nur darum, deren Strukturen und Operationsweisen zu verändern. Sondern um die Form der Institution, die Institutionalität, als solche. Die Politiken der Disruption trennen die Institutionen von sich selbst, ihre Ordnungen und Verfahren von ihrer normativen Grundlage; sie instrumentalisieren die Institution, und damit, allein damit bereits, zerstören sie sie.

Die Klage über die Populisten und ihre Infragestellung der Institutionen geht häufig, wenn sie von Liberalen und (zumeist ehemaligen) Linken formuliert wird, mit einer Selbstanklage einher: Waren wir es nicht selbst, die die Institutionen erst so geschwächt haben, dass sie den Angriffen nun hilflos ausgesetzt sind? Hat nicht unsere Kritik an den Institutionen ihre Demontage erst möglich gemacht? Tritt man nur einen kleinen Schritt zurück, wird man dies für eine der typischen Selbstüberschätzungen von Intellektuellen halten, die in ihrer Kritik den Grund der Krise sehen wollen (so wie es ihnen, von der anderen Seite, Reinhart Koselleck mit Carl Schmitt vorgeworfen hat). Weniger oberflächliche Analysen sehen in der Schwächung der Institutionen, die ihre gegenwärtige Disruption überhaupt erst möglich gemacht hat, weit stärkere, gesellschaftliche Mächte am Werk als die des kritischen Denkens. Das sind die Mächte eines kulturellen Individualismus, der in Institutionen nichts als die Mittel des eigenen Wohlergehens, ja die Instrumente des eigenen Erfolgs sieht und damit dem Vorhaben zuarbeitet, die gesellschaftliche Reproduktion im Ganzen nach dem ökonomischen Modell zu formen. Die Krise der Institution ist nicht politisch, sondern gesellschaftlich. In ihr geht es um den Begriff, um die Form der Gesellschaft. Seit es die (»bürgerliche«) Gesellschaft gibt, stellt sich die Frage nach ihrer Differenz: der Differenz der

Gesellschaft gegenüber der Ökonomie. Die Institutionen der Gesellschaft markieren diese Differenz.[1] Sie sind die Dimension des gesellschaftlichen Zusammenlebens, die irreduzibel ist auf die Ökonomie. Die Krise der Institutionen, die sie den Politiken der Disruption hilflos ausliefert, ist die Krise der Differenz der Gesellschaft gegenüber der Ökonomie. Sie gründet in der ökonomischen »Desorganisation« der bürgerlichen Gesellschaft.[2]

Die Zurückführung der politischen Disruption auf die gesellschaftlichen Tendenzen der Deinstitutionalisierung lässt eine entscheidende Frage aber unbeantwortet: Was ist das Problem an der Krise der Institution, ja, der Institutionalität? Was beklagen wir hier? Wozu sind (oder waren) Institutionen da? Was ist der – gute – Gebrauch der Institution, der Gebrauch, der ihrer Bestimmung entspricht, der ihrer Disruption entgegenzusetzen und gegen ihre Ökonomisierung zu verteidigen ist?

Die Dialektik der Institution

Die geläufige Antwort auf diese Fragen besagt, dass wir Institutionen zur Stabilität brauchen. Ohne Institutionen zerfällt der gesellschaftliche Zusammenhang. Wir brauchen also stabile Institutionen zur gesellschaftlichen Integration. Das gilt insbesondere für einen so fragilen Zusammenhang wie den moderner Gesellschaften, die ohne eine sie tragende sittliche Substanz operieren. In einer solchen Gesellschaft sind Institutionen Substanzsubstitute. Sie geben einen verlässlichen Rahmen, der vordefiniert, weniger, was man tun darf und soll, als vielmehr, *wie* man es tut. Nur innerhalb eines solchen Rahmens sind all die unterschiedlichen Weisen, zu produzieren, argumentieren, glauben, urteilen, forschen, lehren, unterhalten und was auch immer möglich. Institutionen sind demnach stabilisierend, weil sie die Unterschiede, die Unterschiedlichkeit begrenzen und dadurch ermöglichen: weil sie Bedingungen festlegen, unter denen das Unterschiedliche sich entfalten kann. Diese Bedingungen werden »neutral« genannt. Destabilisierung der Institutionen bedeutet daher gesellschaftliche Desintegration. Dann muss es zur Bewältigung der Krise also um die Restabilisierung der Institutionen gehen.

Dieses Programm ist aber nicht nur aufgrund seiner Ängstlichkeit, seiner blockierten Zeitlichkeit und seiner restringierten Fantasie – die sich die

---

1   Die Institutionen stehen nach Hegel (*Grundlinien der Philosophie des Rechts*, §§ 263–5) auf der Grenze von Gesellschaft und Staat; sie trennen die Gesellschaft von sich – von ihrer ökonomischen Logik.
2   Wolfgang Streeck, *Re-Forming Capitalism. Institutional Change in the German Political Economy*. Oxford University Press 2009.

Zukunft bestenfalls als Rückkehr in die Vergangenheit, in eine Zeit vor der Krise, vorzustellen vermag – zum Scheitern verurteilt. Zum Scheitern verurteilt ist es vor allem, weil es vergisst oder verdrängt, dass die Stabilität verheißende Institution wesentlich instabil ist. Der *Begriff* der Institution ist instabil. Die Institution kann gar nicht begriffen werden, ohne ihren Widerspruch zu entfalten. Die Institution zu denken heißt, ihren Widerspruch zu denken; es heißt dialektisch zu denken. Oder »Institution« ist ein dialektischer Begriff (aber welcher Grundbegriff der sozialen Welt ist das nicht?), und das ist der Einwand gegen die Rede von der Stabilität der Institution: Sie ist undialektisch. Die Institution zu verteidigen, weil sie Stabilität und dadurch Integration gewährleiste, heißt, nicht die Institution zu verteidigen (sondern ihr Imaginäres). Die Apologie der Institution kann nur so erfolgen, dass sie ihren Widerspruch entfaltet: durch ihre Kritik.

Worin besteht der Widerspruch der Institution, der ihre Apologie zur Dialektik nötigt? In einer der Diskussionen, die Arnold Gehlen und Theodor W. Adorno im Rundfunk geführt haben, ging es im Jahr 1967 um »Freiheit und Institution«.[3] Dabei sind sich beide schnell einig, dass die Institution und die Freiheit einander weder gleich- noch entgegengesetzt werden können, sondern ihr Verhältnis »hintergründiger« (Gehlen) oder eben »dialektischer« (Adorno) gedacht werden muss. Nach Gehlen »entlasten« Institutionen die Subjekte davon, selbst über die letzten Zwecke und grundlegenden Normen entscheiden zu müssen, die ihr Leben bestimmen, und ermöglichen dadurch dasjenige Maß und diejenige Art der Freiheit, die Menschen – jedenfalls den Allermeisten, den Vielen – angemessen ist. Nach Gehlen ermöglichen Institutionen die wahre Freiheit, die er der modernen Idee autonomer »Selbstbetätigung« entgegensetzt. Sie ermöglichen die Freiheit durch begründungslose, begründungsentlastete wie -entlastende autoritative Vorgaben.[4] Adorno gibt dem Begriff der Entlastung, den er von Gehlen aufnimmt, den genau entgegengesetzten Sinn. Auch nach Adorno braucht die Freiheit der Subjekte Institutionen als Voraussetzung. Aber nicht, um die Subjekte von grundlegenden Entscheidungen (und damit von der Verantwortung), sondern um sie von den Notwendigkeiten des Lebens zu entlasten, die sie zur Freiheit gar nicht erst kommen lassen. Institutionen sind für Adorno nur freiheitsermöglichend,

3   Karl-Siegbert Rehberg, *Theodor W. Adorno und Arnold Gehlen: Politische Gegensätze und kulturkritisches Einverständnis.* In: *Scenari*, Nr. 14/1, 2021. Umfassend zu Adorno / Gehlen: Thomas Wagner, *Abenteuer der Moderne. Die großen Jahre der Soziologie 1949–1969.* Stuttgart: Klett-Cotta 2025.

4   Arnold Gehlen, *Über die Geburt der Freiheit aus der Entfremdung.* In: *Archiv für Rechts- und Sozialphilosophie*, Nr. 40/3, 1952.

wenn sie – das ist die unersetzliche Aufgabe der Kritik – von jedem Moment
der Herrschaft »über Personen« gereinigt und rein funktional geworden
sind: zur bloßen »Verwaltung von Sachen« (wie Adorno mit Friedrich Engels
sagt), damit sich die Freiheit der Subjekte *jenseits* der Institutionen entfalten
kann.

Die Übereinstimmung, die Adorno und Gehlen in ihrem Gespräch immer
wieder bekunden, ist also keine. Dass es die Freiheit nur durch die Institution
gibt, hat für beide einen strikt entgegengesetzten Sinn. Für Gehlen bedeutet
es Freiheit durch institutionelle Autorität, für Adorno Freiheit durch institutionelle Funktionalität – und daher über die Institution hinaus, außerhalb
von ihr. *In* der »verwalteten Welt«, unter Voraussetzung ihrer spezifischen
Form der Autorität, gibt es nach Adorno keine Freiheit. Die durch institutionelle Autorität erlaubte Freiheit ist unfrei, wahre Freiheit dagegen ist antiautoritär und daher außerinstitutionell.

Dieser Gegensatz ist unversöhnlich und muss es bleiben; es ist der Gegensatz zwischen einem ehemaligen Faschisten und einem Linken und Juden,
der von Glück sagen kann, der Gewalt dieser Leute durch Emigration so-
eben noch entkommen zu sein. Das Problem ist auch nicht Adornos schroffe
Zurückweisung von Gehlens Feier der Unterordnung und Einordnung. Das
Problem ist, dass Adorno die Freiheit des Subjekts auch nur, wie Gehlen, der
sie als eine destruktive Illusion bekämpft, als der Institution äußerliche denken kann. Nach Gehlen bedroht die Freiheit die Institution von außen, nach
Adorno entfaltet sie sich erst dort, wo das Subjekt sich von der Objektivität
der Institutionen befreit und sie auf die funktionelle Besorgung der Notwendigkeiten des Lebens zurückgeführt hat. Die Übereinstimmung von Adorno
und Gehlen ist der institutionelle Externalismus der Freiheit.

Hier haben die Nachfolger von Gehlen und Adorno, Schelsky von rechts,
Habermas von links, eingesetzt und die Institutionen und die Freiheit zu vermitteln versucht: Schelsky, indem er beschreibt, wie die Institutionen reflexiv
geworden sind und sich die kritische »Dauerreflexion« der Subjekte integriert
haben; Habermas, indem er die Möglichkeit erkundet, die verselbständigten
Institutionen aus der kommunikativen Freiheit der Subjekte neu zu gründen.[5]
Aber diese Vermittlungsversuche überspringen den unversöhnlichen Gegensatz zwischen der Freiheit und der Institution, den Gehlen und Adorno in
wiederum scharf entgegengesetzter Weise exponieren. Die Freiheit und die
Institution lassen sich weder versöhnen noch trennen, sie sind weder zwei

---

5   Helmut Schelsky, *Ist die Dauerreflexion institutionalisierbar?* In: Ders., *Auf der Suche
    nach Wirklichkeit. Gesammelte Aufsätze.* Düsseldorf-Köln: Diederichs 1965; Jürgen
    Habermas, *Legitimationsprobleme im Spätkapitalismus.* Frankfurt: Suhrkamp 1973.

Seiten desselben noch einander äußerlich, weil ihr Gegensatz sie konstituiert. Die Freiheit des Subjekts und die Ordnung der Institution *sind* ihre Entgegensetzung. Sie bestehen nur, indem sie einander bekämpfen.

Das ist die Dialektik der Institution, die ihre Apologie entfalten muss. Sie muss zeigen, dass die Institution der Ort (und die Zeit) ist, an dem sich die Freiheit im Kampf gegen die Institution, gegen den Autoritarismus, der die Institution ausmacht, bildet. Adorno hat Recht: Die Freiheit des Subjekts ist antiautoritär. Aber das lässt sich nur verstehen, wenn die Wahrheit von Gehlen gegen ihn selbst gewendet und dadurch überhaupt erst zur Wahrheit wird: dass die Freiheit des Subjekts ein institutioneller Effekt ist – ein Effekt *der* Institution, ja, *in* der Institution, aber *gegen* die Institution. Die Freiheit, ein Gegeneffekt der Institution.

Die Institutionalisierung der Gewohnheit

Um das Argument dieser Apologie zu skizzieren, bedarf es eines Zwischenschritts. Er gilt dem logischen Ort der Institution im Feld des Sozialen; daran zeigt sich, was sie ist.

Der Begriff der Institution wird häufig in einem weiten und laxen Sinn gebraucht. Dann ist die Institution nichts anderes (und vor allem: nicht anders) als die soziale Praxis, und die soziale Praxis ist wesentlich, immer schon, institutionell. Die Durkheim-Schüler Paul Fauconnet und Marcel Mauss greifen auf den Begriff der »Institution« zurück, nur um das anders zu bezeichnen, was Durkheim selbst bis dahin einen »soziologischen Tatbestand« genannt hat.[6] Die sozialen Praktiken heißen hier »Institutionen«, einfach weil (und wie) es sie gibt: weil sie den Individuen vorgängig, wie ein »Ding«, sind. Ähnlich spricht Wittgenstein (*Philosophische Untersuchungen*, § 199), ohne weiter zu unterscheiden, von »*Gepflogenheiten* (Gebräuchen, Institutionen)«.

Diese weite Verwendung übersieht aber etwas Entscheidendes. Sie übersieht, dass die Institution einen Unterschied im Sozialen macht. Sie ist ein spezifischer »Aggregatszustand« der sozialen Praxis.[7] *Vor* der Institution existieren soziale Praktiken im Modus der Gewohnheit; als Üblichkeiten, Routinen, Bräuche, die fortbestehen, bloß weil es sie gibt. Institutionen hingegen sind Einrichtungen – Institutionen sind instituiert. Institutionen machen

---

6 Paul Fauconnet / Marcel Mauss, *Die Soziologie: Gegenstand und Methode* [1901]. Aus dem Französischen von Bernd Schwibs. In: *Trivium*, Nr. 32, 2021 (journals.openedition.org/trivium/7501?lang=de).

7 Rahel Jaeggi, *Was ist eine (gute) Institution?* In: Rainer Forst u.a. (Hrsg.), *Sozialphilosophie und Kritik.* Frankfurt: Suhrkamp 2009.

explizit, sie »deklarieren« (wie John Searle sagt), was in Gewohnheiten jeder implizit schon weiß und tut. Die Gewohnheit ist also die Voraussetzung der Institution, und die Institution ist die Überschreitung der Gewohnheit. Die Institution verdoppelt die soziale Praxis in sich: in Gewohnheit *und* Institution, in Gegebenes und Gemachtes, in das, was von selbst ist, wie Natur, und das, was wir hervorbringen, das also künstlich ist. Die Existenz der Institution ist ein Akt der Unterscheidung, ein Akt der Differenz. Sie macht einen Riss im Gewebe des Sozialen.

Für die Existenz der Institution – für die Seinsweise der sozialen Praxis in der oder *als* Institution – ist entscheidend, dass sie eingesetzt ist; die Institution ist ein Akt, »Institution« heißt Institutionalisierung oder Instituierung (und »institutio« heißt Unterweisung, Ausbildung; Institutionalisierung bedeutet Subjektivierung). Dieser Akt bringt die Institution als Gebilde hervor. Aber der Akt der Institution verschwindet nicht in dem Gebilde, das er hervorbringt. Die Institution ist vielmehr die dauernde Wiederholung ihrer Einsetzung. So *ist* die Institution, das ist ihr Sein: Sie ist eingerichtet, und sie wiederholt ihre Einrichtung. Dass die Institution *durch* Institutionalisierung entsteht, bedeutet, dass die Institution nur *als* Institutionalisierung besteht. Die Institutionalisierung ist in der Institution nicht einmalig und vergangen. Institution heißt Re-Institutionalisierung.

Daher verändert sich durch die Institution grundlegend, wie es Regeln gibt – die Regelbefolgung in der sozialen Praxis. Soziale Praktiken werden durch Regeln konstituiert. Solche Regeln definieren das Gute, um das es in einer Praxis geht, indem sie festlegen, was etwas (oder jemand) sein oder tun muss, um als ein Teil (oder Teilnehmer) der Praxis zu gelten – um in einer sozialen Praxis zu zählen. In Gewohnheiten sind die Regeln (einfach) *da*; sie haben keinen Anfang, und weil sie nicht eingesetzt sind, werden sie auch nicht – ausdrücklich – angewandt. (Gewohnheiten, halte ich fürs Folgende fest, sind daher zeitlos, jedenfalls geschichtslos, eben: wie Natur.) In der Institution dagegen werden die ausdrücklich eingesetzten Regeln ebenso ausdrücklich angewandt; institutionalisierende Regeldeklaration bedeutet institutionelle Regelapplikation. Eine Regel – neu – anzuwenden, heißt – vorhergehende – Regelanwendungen zu wiederholen; das ist die wesentliche Geschichtlichkeit der Institution. Und vorhergehende Regelanwendungen zu wiederholen heißt, die Regel*einsetzung* zu wiederholen. Das ist die institutionelle (als temporale) Grundlogik: Anwendung der Regel als Wiederholung ihrer Einsetzung. Die institutionelle Anwendung der Regel setzt nicht nur ihre bisherigen Anwendungen – nach vorne – fort. Die institutionelle Regelanwendung operiert rückwirkend. Sie setzt jedes Mal die Regel – retroaktiv und damit zugleich prospektiv, das Weitere festlegend – neu wieder ein.

Das kann man kürzer sagen. Es besagt, dass die Institution Repräsentation ist. Die Institution ist die Repräsentation der Institution – sie ist ihre Selbstdarstellung. Weil in jedem institutionellen Akt die Regel der Institution nicht nur angewandt, sondern der instituierende Akt wiederholt wird, stellt jeder institutionelle Akt den Akt der Instituierung und also die Institution als solche dar (oder mit dar). Wir können daher auch sagen: Die Institution ist transzendental – so wie es nach Friedrich Schlegel nicht nur eine transzendentale Philosophie und Poesie, sondern auch eine transzendentale Politik gibt, die etwas einsetzt und im Eingesetzten ihre Einsetzung mitdarstellt. Und wenn die Institution transzendental ist, weil ihr Sein ihre (Selbst)Darstellung ist, kann die Theorie der Institution nur eine Ästhetik sein. Die Apologie der Institution muss ästhetisch argumentieren.

Der Ort des Streits

Damit stellt sich die entscheidende Frage. Die Frage ist: Wie wiederholt die Institution? Wie wiederholt die Institution *sich* – ihre Instituierung? Das ist die Frage nach der Darstellung der Institution oder der Institution als Selbstdarstellung. Aber nicht in einem äußerlichen Sinn; es geht nicht um die Sonntags- und Gedenktagsreden, um die Weihnachtsbriefe und Neujahrsansprachen, in denen Institutionen ein Bild von sich malen. Sondern es geht um die Selbstdarstellung, die die Praxis der Institution *ist*, in der sie besteht. Denn das Sein der Institution ist die Differenz der Institution – die Differenz ihrer Praxis gegenüber der bloß gewohnheitsmäßigen. Diese Differenz besteht darin, dass die institutionelle Praxis in jeder Anwendung ihrer Regel nicht nur deren bisherige Anwendungen, sondern die Einsetzung der Regel wiederholt. In ihrer wiederholenden Anwendung wird die Regel rückwirkend immer wieder, immer wieder neu eingesetzt. Eben diese rückwirkende Wiedereinsetzung der gründenden Regel kann aber auf zwei radikal verschiedene, einander widerstreitende Weisen geschehen. Das definiert die Logik (und die Zeit) der Institution. Die Institution besteht in dem Streit um ihre Wiederholung.

In der Debatte zwischen Adorno und Gehlen hat sich gezeigt, dass ihr unversöhnlicher Gegensatz eine untergründige Übereinstimmung enthält. Beide denken die Entgegensetzung zwischen der Freiheit des Subjekts und der Autorität der Institution äußerlich: Adorno von der anarchischen Freiheit des Subjekts her, Gehlen von der autoritativen Macht der Institution her. Dieser Externalismus von Institution und Freiheit verkennt jedoch ihre widersprüchliche Einheit, ihre Dialektik. Sie sind intern verklammert. Aber nicht durch ihre Vermittlung, gar Versöhnung, sondern weil sich die unversöhnliche Entgegensetzung von Autorität und Freiheit *allein innerhalb* der Institution zuträgt. Die Institution ist die Szene dieser Entgegensetzung. Denn beide, die Autorität und die Freiheit, gibt es allein in der Praxis der Selbstdarstellung, die die Institution ausmacht. In dieser Praxis wird ebenso die Autorität der Institution wie die Freiheit des Subjekts verfertigt. Autorität und Freiheit sind institutionenästhetische Effekte, Effekte institutioneller Repräsentation – und gerade deshalb unversöhnlich. Die Praxis der Institution ist autorisierend *und* befreiend; sie ist der Streit, der Kampf zwischen Autorisierung und Befreiung.

Das Ritual der Institution

Dass die Institution ihre Darstellung ist, ist die zentrale These von Arnold Gehlens »Philosophie der Institution«, die den ersten Teil von *Urmensch und Spätkultur* bildet. Im Vorwort des Buchs verweist Gehlen dabei auf Webers Religionssoziologie: »Er sprach da von dem aus Orgiastik und mimischem Dämonenzauber geborenen Kult als der normalen Quelle aller Mythensysteme. Hier setzt unsere Theorie der *Institutionen* an.«[8] Gehlens Theorie setzt hier an, weil seine zentrale These besagt, dass die Institution selbst im Wesen Kult ist. Die Institution ist kultisch und daher immer schon oder immer noch, auch als moderne, »archaisch«. Die Institution ist der Kult der Institution.

Gehlen erläutert so den Schritt der Institution über die bloße Gewohnheit hinaus. Gewohnheiten etablieren »Eigenwerte«. Habitualisierung bedeutet, dass ein Tun nicht aus dem jeweils aktuellen, stärksten Antrieb oder Motiv, sondern um seiner selbst willen erfolgt – weil man es so tut. »Die Gewohnheit liefert ihren eigenen Antrieb«, sie bringt »Eigenwerte« hervor. Aber dies bleibt in der bloßen Gewohnheit instabil. Hier setzt die Institution ein: Sie stabilisiert die habituellen Eigenwerte. Das ist nach Gehlen die entscheidende Leistung der Institution. Nur die Institution kann sicherstellen, weil sie ihn feststellt, dass der entscheidende Schritt der Gewohnheit, der Schritt *hinaus* über Bedürfnisse, Interessen, Antriebe – die Differenz der zweiten gegenüber der ersten Natur – nicht wieder verloren geht. Institution bedeutet: »Transzendenz ins Diesseits«. *Transzendenz* – weil hinausgehend über die situativen, individuellen Motive. Aber *ins Diesseits* – weil es nichts anderes als die schon bestehenden, gewohnheitsmäßigen, gewöhnlichen Eigenwerte sind, die in der Institution stabilisiert und realisiert werden. (Die Institution schafft nach Gehlen nichts radikal Neues – so wie der Monotheismus, den Gehlen

8 Arnold Gehlen, *Urmensch und Spätkultur*. Wiesbaden: Aula 1986.

bekämpft, den Einbruch der Transzendenz versteht.) Und zwar werden die habituellen Eigenwerte genau und nur dadurch stabilisiert, dass das Verhalten, das die Eigenwerte institutionell verwirklicht, sie zugleich darstellt – sie nicht nur realisiert, sondern repräsentiert.

Um dies zu erklären, greift Gehlen auf den Ritus, den Kult, zurück. Die stabilisierende Institutionalisierung der Eigenwerte erfolgt durch die Ritualisierung des Verhaltens. Denn der Ritus, das macht ihn für Gehlen zum Grund und Modell der Institution, vollzieht die Einheit von Verwirklichen und Darstellen in spezifischer Weise: als Nachahmung; der Ritus ist »imitatorisch«. Das gilt, weil im Ritus jedes Tun das vorherige nachahmt oder imitiert. Alles rituelle Tun ist Nachahmen des vorherigen Tuns und der Ritus ein Nachahmen des Nachahmens, das dadurch, in rückwirkender Kausalität, seinen Ursprung hervorbringt, den alle Nachahmungen nachahmen – und damit zum Ursprung erst *machen*. Die rituelle Nachahmung ist die retroaktive Hervorbringung des Nachgeahmten – als dasjenige, das jedes Tun nachzuahmen *hat*, das heißt: seiner Autorität; die Nachahmung, darin ist sie rituell, ist rückwirkende Autorisierung des Nachzuahmenden. Und genau so funktioniert die institutionelle »Transzendenz ins Diesseits«: Die Transzendenz des Eigenwerts, die dem Verhalten autoritativ vorhergeht, ist ein rückwirkender Effekt eben des Verhaltens, im Diesseits, das sich ihrer »Appell- und Sollfunktion« unterwirft. Im Kultus oder Ritus der Institution ist die Wiederholung der Regel ihre Voraussetzung: ihre Setzung als Voraus. Die institutionelle Praxis ist durch rituelle Selbstdarstellung ihre permanente Selbstautorisierung, die Selbstautorisierung der institutionellen Regel durch nichts als ihre Wiederholung.

Darin ist die Institution, so reformuliert Gehlen Pascals praktische Theorie des religiösen Glaubens – »Kniee nieder und du wirst glauben« –, »theogonisch«, göttermachend. Ethnologinnen wie Mary Douglas zeigen: Die Institution naturalisiert.[9] Aber das meint dasselbe; Sakralisierung und Naturalisierung fallen im Kult in eins. Die Institution vergottet oder naturalisiert – durchs rituelle *Verhalten* (also nicht als »Glaube«). Das gibt der Institution ihre grundlegende, schlechthin unersetzliche Bedeutung für die Etablierung und Erhaltung von Herrschaft, von Autorität. Diese Bedeutung hat Gehlen im Modell des Kults analysiert. Sie liegt, noch einmal, darin, dass die institutionelle Autorisierung nicht diskursiv und ideologisch, sondern praktisch verfährt. Also nicht Autorität aus Gründen, gar Vernunft, sondern durch Unterwerfung: Der Ritus, und damit die Institution, fundiert seine

---

9 Mary Douglas, *Wie Institutionen denken*. Übersetzt von Michael Bischoff. Frankfurt: Suhrkamp 1991.

eigene Fundierung. (Darin ist die Institution unheimlich – und zugleich komisch. Das zeigt sich in Kafkas »Institutionenromanen«, einer von Rüdiger Campe erfundenen Gattung.[10]) Die Institution begründet nicht, sie *ist* die Autorität, als Praxis. Und deshalb kann auch der Kampf gegen die Autorität, der Befreiungskampf, nur in der Institution erfolgen: in der Institution, gegen die Institution.

Die Institution der Befreiung

Die Befreiung ist institutionell. Denn die Befreiung besteht darin, die Institutionalisierung anders zu wiederholen. Die Institution wird zur Befreiung – die Institution wird zur Institution der Befreiung –, indem sie mit der Logik des Ritus und der Imitation bricht und den Anfang nicht nachahmend, imitatorisch wiederholt, sondern a-mimetisch, imaginativ reaktualisiert.

Der Anfang der Institution ist deklarativ; er erfolgt, so Searle, durch die Deklaration einer Regel. Eine solche Deklaration geschieht aber nicht im luftleeren Raum. Auch wo sie etwas Neues schafft, ist sie die Umwandlung einer bestehenden Praxis des Verhaltens, einer Gewohnheit, deren Eigenwerte, so Gehlen, sie stabilisiert. Die institutionelle Innovation ist daher nicht inhaltlich, sondern formal, eine Forminnovation. Sie gibt der sozialen Praxis eine neue Form; sie enthabitualisiert oder entautomatisiert sie. Der Akt der Institutionalisierung bricht die »Tendenz zum Geistlosen und Halbschlaf«, die unsere Gewohnheiten erschlaffen lässt. Indem sie diesen Dämmerzustand durchbricht, hat die Institutionalisierung den »psychologischen Effekt […], den Sinn für die Unsicherheit und Gefahr zu *erzeugen*« (Gehlen, *Urmensch und Spätkultur*).

Die Institution will die Halbsicherheiten der Gewohnheiten stabilisieren. Aber dadurch muss sie den Automatismus der Gewohnheit durchbrechen und ihre Eigenwerte selbst setzen – ohne vorhergehenden Grund. Ohne sich dieser Gefahr der Grundlosigkeit auszusetzen, kann der Ritus der Autorisierung gar nicht operieren. Kein Ritus institutioneller Autorisierung ohne Befreiung von der Gewohnheit, ohne die Befreiung der Gewohnheit von sich selbst: ihrer Transzendenz von ihrem Automatismus. Die Institution ist (oder war) daher immer schon die Befreiung – die sie im Ritus vergisst. (Der Ritus ist das Vergessen der Befreiung; darin ist er autoritär.) Die Institution

---

10 Rüdiger Campe, *Kafkas Institutionenroman. »Der Proceß«, »Das Schloß«*. In: Ders. / Michael Niehaus (Hrsg.), *Gesetz. Ironie. Festschrift für Manfred Schneider*. Heidelberg: Synchron 2004; ders., *Die Institution im Roman. Robert Musil*. Würzburg: Königshausen & Neumann 2020.

kann aber auch wieder zur Befreiung werden. Befreiung heißt, die Befreiung zu befreien: Die institutionelle Befreiung besteht darin, die Befreiung im Anfang der Institution von seiner rituellen Wiederholung zu befreien. Die Befreiung besteht darin, die »schöpferische Negativität« (Roberto Esposito) des stiftenden Anfangs zu entfalten.

Wie geschieht die Stiftung einer Institution? Maurice Hauriou, der dem soziologischen Institutionalismus der Durkheim-Schule eine genuin juridische Theorie der Institutionalisierung gegenübergestellt hat, beschreibt die »Gründung« von Institutionen als die Vereinigung um eine »Idee«: eine Leitidee, *idée directrice*. Die Institution wird aus einer Idee geboren.[11] Gehlens Autoritätsmodell der Institution identifiziert diese Idee umstandslos mit der »›charter‹ einer Institution«, mit deren »Norm« (und ihrem »ausgebildeten Gefüge«). Eben dies, die Identifikation von Idee und Norm, aber ist bereits der Verrat des (befreienden) Anfangs an den (gründenden) Ursprung, den das autorisierende Ritual betreibt. Denn zwar setzt die Stiftung einer Institution eine Regel ein, aber die Stiftung erfolgt aus einer Idee, die in keiner Regel aufgeht – die den Regeln einer Institution ebenso vorhergeht, wie sie über sie hinausgeht.

Nehmen wir die Universität. Sie wird begründet durch Regeln, die eingesetzt, deklariert werden. Diese Regeln bringen ein je bestimmtes Verständnis von Forschung und Lehre zum Ausdruck. Der durchökonomisierte Universitätsbetrieb nach Bologna setzt in seinen Studien-, Prüfungs-, Qualifikations-, Gremienordnungen usw. einen anderen Begriff von Forschung und Lehre durch als die Ordinarienuniversität bis in die 1960er Jahre und die zaghaft andemokratisierte in den Jahren danach. Aber keine dieser Regelgestalten ist die *Idee* der Universität. Diese Idee ist eine Idee des Guten. Die Idee der Universität ist nicht das jeweilige Verständnis von Forschung, Lehre, Prüfung, Verwaltung usw., sondern ihre Idee ist das Wissen, das Denken, die Vernunft, die Freiheit. Die Idee der Universität ist unbedingt (wie Jacques Derrida vor fünfundzwanzig Jahren in einem Vortrag in Frankfurt gesagt hat). Nur der Bezug auf eine Idee kann etwas schaffen. Er schafft die Institutionen und ihre Regeln. Und diese schöpferische Kraft der Idee besteht genau darin, dass sie unterschieden bleibt von den Institutionen, die sie schafft. (Ideen sind »negative Zeichen«. Sie »leben in den Höhlen zwischen dem, was die Sachen zu sein beanspruchen, und dem, was sie sind«.[12])

---

11 Maurice Hauriou, *Die Theorie der Institution und der Gründung (Essay über den sozialen Vitalismus)*. In: Ders., *Theorie der Institution*. Hrsg. v. Roman Schnur. Berlin: Duncker & Humblot 1965.

12 Theodor W. Adorno, *Negative Dialektik*. Frankfurt: Suhrkamp 1973.

Die Stiftung einer Institution ist ein Akt der Verbindung durch Unterscheidung: zwischen Idee und Regel. Daher ist der Grund der Institution zugleich der Grund ihrer Überschreitung, der Überschreitung ihrer Regelgestalt, ihrer »charter«. Den Anfang der Institution *so* zu erinnern und zu wiederholen, ihren Anfang in der Institution gegen die Institution *so* darzustellen, ist der transzendentale Akt der Befreiung. Die Befreiung ist der Bruch der Regeln aus Treue zu ihrem Anfang. Die Befreiung kann daher nicht diesseits oder jenseits der Institution erfolgen; die Freiheit ist nicht »metainstitutionell«, wie Apel gegen Gehlen eingewandt hat,[13] weil es die Transzendenz der Idee nur gibt, indem sie gesetzt, institutionalisiert wird. Die Befreiung wendet die Institution gegen sich selbst. Sie ist als institutionelle antiautoritär – weil sie die Idee der Institution gegen ihre Regeln wendet –, und weil sie gegen die Regeln der Institution ihre Idee wendet, ist sie als antiautoritäre institutionell.

Die Dauer der Institution

Eine wesentliche Einsicht des autoritären oder Ritualmodells der Institution besagt, dass die Einsetzung der Regel und damit der Institution durch ihre Nachahmung erfolgt. Die Einsetzung erfolgt nachträglich, also rückwirkend; die Autorität des Nachgeahmten ist durch seine Nachahmung hervorgebracht. Und daher findet auch die Befreiung in der Institution von der Macht des Ursprungs und von dem Zwang der Nachahmung nicht nur einmal, im Ereignis der Neugründung, statt; Befreiung heißt nicht Neugründung. Die Befreiung kann entweder nie oder sie kann immer, immerzu, in jedem Moment in der Institution stattfinden, indem sie ihren Anfang erinnert und erneuert. Und so kann die Befreiung nur in der Institution stattfinden. Die Befreiung ist nicht die Befreiung von, sondern *in* der Institution und damit *der* Institution; die Befreiung der Institution zur Institution der Befreiung.

In diese Richtung weisen die Überlegungen, die Maurice Merleau-Ponty, zehn Jahre vor Adornos und Gehlens Radiodebatte und dialektischer als beide, in einer Vorlesung in Paris entwickelt hat.[14] Merleau-Ponty zeigt dort, dass die Logik der Institution die Zeit ist. »Die Zeit ist das Modell der Institution«, denn Zeit heißt »Passivität-Aktivität«: passive Aktivität – weil alle Aktivität darin zeitlich ist, dass sie wiederholt –, und aktive Passivität – weil alle Passivität darin zeitlich ist, dass sie erneuert. Wir müssen demnach die

13 Karl-Otto Apel, *Arnold Gehlens »Philosophie der Institutionen« und die Metainstitution der Sprache*. In: Ders., *Transformation der Philosophie*, Bd. 1: *Sprachanalytik, Semiotik, Hermeneutik*. Frankfurt: Suhrkamp 1976.
14 Maurice Merleau-Ponty, *L'institution, la passivité*. Paris: Belin 2003.

Institution von der Zeit her verstehen, die sie stiftet; Institution heißt Dauer. Aber wir verstehen jetzt, weshalb das nicht die Dauer eines stabilen, neutralen Rahmens sein kann (und nicht sein darf), *in* dem sich alle Änderungen vollziehen müssen; weshalb also die Verteidigung der Institution nicht der Kult der Stabilität in unsicheren Zeiten sein kann. Sondern die Dauer der Institution, die Dauer, die die Institution ist, ist die Dauer der Veränderung. Merleau-Ponty sagt es ganz klar: So wie die Revolution nur richtig verstanden ist, wenn sie nicht als »Überschreitung der Institution«, sondern als »Institution des Nicht-Instituierten oder des schöpferischen Ungleichgewichts, d.h. [als] *permanente* Revolution« gefasst wird, so ist die Dauer der Institution keine andere als die Permanenz, die die wahre Revolution ausmacht (und sie von der Revolte unterscheidet). »Fortdauernde Revolution, aber weil sie schon begonnen hat.« Nach Merleau-Pontys Einsicht sind Institution und Revolution, richtig verstanden, dasselbe, sie haben oder teilen dieselbe Dauer.

Die Dauer, in der Institution und Revolution in eins fallen, deren zwei Seiten sie sind, ist die Zeit der Geschichte. Geschichte gibt es nur in der, also als, Institution. Alles andere, davor und danach, ist bloß Evolution. Aber wenn das so ist, begreift man auch, was mit der gegenwärtigen Krise der Institution wirklich auf dem Spiel steht: Es geht darum, ob es Geschichte gibt. Das Problem der populistischen Infragestellung der Institutionen ist nicht, dass sie deren Stabilität zerstört; dass der Populismus disruptiv und destabilisierend wäre. Sondern, genau umgekehrt, dass die populistische Aushöhlung und Zerstörung der Institutionen die Möglichkeit der wahren Veränderung blockiert. Der Populismus (ebenso wie der Ökonomismus, dessen Erscheinungsform er nur ist) ist das Ende der Geschichte, das Ende der Politik. Der Populismus ist nicht umstürzend, er ist antirevolutionär. Dagegen richtet sich die Apologie der Institution. Sie verteidigt die Institution nicht im Namen der Stabilität, sondern im Namen der Geschichte, der Politik, der Veränderung, der Revolution.

Natan Sznaider
Die Welt vor Gaza: Normalität und Gewalt

Die Welt nach Gaza ist nicht nur ein gutes und kluges, sondern auch ein schlechtes und gedankenloses Buch.[1] Es ist arglos und zugleich dämonisierend. Es wirft Licht auf die Welt und verdunkelt sie gleichermaßen. Es bringt keine Hoffnung, sondern nur Verzweiflung.

Es ist ein gutes Buch, weil der Autor klar Position gegen Gewalt bezieht, es ist ein schlechtes, weil Pankaj Mishra diese Gewalt nicht als Schlüssel der Region versteht, sondern in Dichotomien denkt und demzufolge nur eine Seite Gewalt ausübt und die andere sie erleidet. Es ist ein kluges Buch, weil Mishra die von ihm gelesene Literatur geschickt einsetzt. Es ist aber auch ein gedankenloses Buch, weil Mishra sich jüdische Autoren und Autorinnen aneignet, ohne sich ihrer Tragödie wirklich bewusst zu sein. Mit dem Buch bringt der Autor Licht in die Welt, weil er Israelis, für die er nicht schreibt, einen Spiegel ihrer anscheinenden Moralität vorhält. Weil er in moralischen Kategorien be- und verurteilt, verdunkelt er diese Welt, indem er sie in Täter-Opfer-Dichotomien widerspiegelt und damit nur vorhandene Vorurteile bestätigt und keine neuen politischen Perspektiven eröffnet.

Pankaj Mishra gehört zur englischsprachigen indischen kosmopolitischen Elite, und aus dieser privilegierten Position schreibt er seine Bücher. Es ist ein sicherer Ort, eine Sprecherposition, aus der er mit sicherer und eleganter Hand über die Verdammten dieser Erde schreibt, oder eigentlich über die Israelis in ihrer Rolle als Täter, die er von Juden und Jüdinnen als Opfer unterscheiden will. Mit der deutschen Übersetzung findet er ein neues Publikum. Eigentlich das Publikum, welches er sucht. Er fordert eine moralische Umkehr des offiziellen Deutschland nicht trotz der Erinnerung an die Shoah, sondern wegen dieser Erinnerung. Er greift den vermeintlichen deutschen Philosemitismus an, die daraus folgende sogenannte deutsche Staatsräson, die die israelische Sicherheit als eine Grundlage der deutschen Geschichte sieht. Es geht ihm um diese Einstellung, die er anprangert, die er ändern will, und er glaubt wohl, dass er das besser im Namen von Juden und Jüdinnen tun kann, die er zitiert.

Mishra stellt an den Anfang seines Buches zwei aus dem Kontext gerissene Gedanken von Primo Levi und Hannah Arendt, die sich mit der Möglichkeit der Universalisierung der Shoah aus jüdischer Perspektive beschäftigten.

---

1 Pankaj Mishra, *Die Welt nach Gaza*. Aus dem Englischen von Laura Su Bischoff. Frankfurt: Fischer 2025.

Damit setzt er den Ton des Buches. Und beginnt es daher auch mit dem Warschauer Ghetto. Die Anspielung ist mehr als deutlich. Jüdische Israelis werden zu Nazis, die Gaza und Menschenleben auslöschen. Damit werden die Hamas-Terroristen wohl zu Kämpfern des Warschauer Ghettos, der 7. Oktober dadurch ein gerechtfertigter Befreiungsschlag gegen uns Nazis. Mishra kann sich am Beispiel des Warschauer Ghettos bedienen, weil der jüdische Aufstand im Warschauer Ghetto vom April 1943 nicht wirklich zur nicht-jüdischen Erinnerungskultur gehört. Es ist ein jüdischer und israelischer Erinnerungsort.

Gaza zum Warschauer jüdischen Ghetto zu verwandeln ist in meinen Augen bewusst bösartig. Als ob es nicht schlimm genug ist, was in Gaza vorgeht, ohne gleich zum Nazi-Vergleich zu greifen. Der intellektuell etwas gewandtere Terminus anstelle von »Nazis« ist dann der des Siedlerkolonialismus, der von Mishra natürlich auch ins Spiel gebracht wird. Aber es stellt sich damit auch die Frage nach einem gemeinsamen moralischen Universum. Er scheint das in seinem Buch zu verneinen, weil es ihm in erster Linie darum geht, Partei zu ergreifen.

Mishra gibt den allwissenden Intellektuellen mit privilegiertem Zugang zur Wahrheit und glaubt aufgrund dessen, für die Unterdrückten sprechen zu können, ohne sie überhaupt zu fragen. Er liest jüdische Denker und Denkerinnen wie Hannah Arendt, Primo Levi, Sigmund Freund, Jean Améry, Franz Kafka, Marcel Proust, Joseph Roth, Isaak Babel, Ossip Mandelstam, Zygmunt Bauman und andere. Es ist eine gewaltige jüdische Genealogie der Moral, die er auflistet, und er hat sie bestimmt gewinnbringend für sich und seine Leser und Leserinnen angeeignet. Es ist wichtig für ihn, seine Darlegungen mit Argumenten von jüdischen Denkern und Denkerinnen zu unterfüttern. Damit versucht er auch, dem Vorwurf des Antisemitismus zu entkommen. Und das ist auch richtig, denn dieser Vorwurf ist in der Tat viel zu oft instrumentalisiert worden und lenkt von den wichtigen politischen Fragen ab. Es ist nicht genug, sich einem Argument zu verweigern, weil es vielleicht antisemitische Vorurteile bedient.

Es ist beeindruckend, wie sich Mishra auf jüdische Intellektuelle beruft, aber er liest ihre Geschichten nicht als partikular erfahrene Gewaltgeschichten. Wie könnte er auch? Er versteht die persönlichen, familiären und kollektiven Geschichten von Juden und Jüdinnen nicht wirklich, aber eignet sie sich an. Das ist Stärke und Schwäche des Buches zugleich, denn Mishra schafft es, diese partikularen Erfahrungen zu verallgemeinern. Es sind genau diese Geschichten, die am Ende unsere politischen Leidenschaften prägen. Und er vermittelt seinen Lesern, dass diese seine Leidenschaften in Indien geformt wurden. Ich verstehe selbstverständlich die Versuchung, universell, europäisch, progressiv, inkludierend zu denken und zu fühlen. Es ist aber auch gleichzeitig eine Versuchung, die in ihrem eigenen Fortschrittsgedanken gefangen bleibt.

Gleichzeitig verstehe ich die Versuchung, die Welt partikular und jüdisch zu betrachten. Auch diese Versuchung ist mir nicht fremd. Ihm scheint sie aber fremd zu sein. So liest er Jean Amérys Zeugnis über seine erlittene Folter unter den Nazis als Metapher für Folter überhaupt und insbesondere für die von Israelis ausgeführte Folter. All das ist richtig, aber er übersieht dabei vieles. Améry war Jude und auch Philosoph. Er war Flüchtling, Widerstandskämpfer. Er wurde von den Nazis inhaftiert, gefoltert und nach Auschwitz deportiert. 1978 nahm er sich in Salzburg das Leben. Améry schrieb über Freiheit und Würde und über den gewaltvollen Kampf, um diese zu erlangen. Damit kann und will sich Mishra identifizieren. Améry schrieb auch über das Ghetto und die Vernichtungslager, indem er die Situation der zum Tode verurteilten Juden und der Kolonisierten differenziert betrachtet. Das Ghetto war für ihn der Warteraum des Todes, denn nur der Tod war sicher. Er schreibt von der totalen Einsamkeit des Ghettojuden, die anders ist als die Einsamkeit der unterdrückten Kolonisierten. Es ging allein um den Tod und nicht um Ausbeutung. Améry verweigert sich jeglichem Vergleich und pocht auf die Singularität des Holocaust. Und Améry klagt am Ende seines Lebens den linken Antisemitismus an. Dieser Améry passt nicht in Mishras Deutung.

Auch Hannah Arendt missversteht er ganz bewusst. Er übersieht, dass viele von ihm zitierte Juden und Jüdinnen gleichzeitig radikal universalistisch, aber auch radikal partikular denken können. »Leider gilt hier der an sich so einfache und doch gerade in Zeiten der diffamierenden Verfolgung so schwer verständliche Grundsatz, daß man sich immer nur als das wehren kann, als was man angegriffen ist. Diejenigen, die solche Identifizierungen einer feindlichen Welt ablehnen, mögen sich der Welt wunderbar überlegen fühlen; aber eine solche Überlegenheit ist dann nicht mehr von dieser Welt, sie ist eine Überlegenheit eines besser oder schlechter ausstaffierten Wolkenkuckucksheim.«[2] So Hannah Arendt im Jahr 1959 in Hamburg, als sie den Lessing-Preis entgegennahm und vor einem deutschen Publikum sprach. Auch das ist Hannah Arendt und nicht nur die Universalistin, die Mishra erträumt ins Feld führt. Arendt spricht aus ihrer eigenen jüdischen Erfahrung von Flucht, Vertreibung und Vernichtung.

Die persönlichen Erinnerungen Arendts, Amérys und Levis, die auch wegen ihrer Beispiellosigkeit mit dem jüdischen kulturellen Gedächtnis

---

2   Hannah Arendt, *Von der Menschlichkeit in finsteren Zeiten. Rede über Lessing.* München: Piper 1960.

verknüpft sind und versuchen, das Beispiellose zu benennen, werden bei Denkern wie Mishra zu einem intellektuellen Supermarkt, bei dem man sich beliebig bedient. Historische Ereignisse zu vergleichen, einzuordnen, berühmt-berüchtigte Kontexte zu finden, das gehört zum Handwerkszeug eines jeden sich als Intellektuellen verstehenden Menschen. Dabei müssen die emotionalen Wahrheiten der Beteiligten ausgeschlossen bleiben, um sich die gefühllose und kalte Objektivität zu bewahren. Aber gleichzeitig ist das auch Flucht vor der Wirklichkeit, einer Wirklichkeit, die von keiner schönen Theorie eingefangen werden kann.

Dazu gehört auch die Wirklichkeit des 7. Oktober, auf die Mishra sich nicht einlassen will. Auch interessiert er sich für die nach Gaza entführten israelischen Geiseln so gut wie gar nicht. An diesem Tag sind Tausende bewaffnete Hamas-Kämpfer in den Süden Israels eingedrungen, haben gemordet, vergewaltigt und entführt. Sie haben Lebende und auch Tote missbraucht. Sie ermordeten mehr als 1200 Menschen und entführten 240 nach Gaza, darunter auch kleine Kinder. Das sind unverzeihbare Verbrechen, sie sind durch keine erfahrene Unterdrückung verzeihbar. Das waren nicht nur moralische Verfehlungen, das war ein Massaker. Keine um Freiheit kämpfende Bevölkerung kann so verbrecherisch handeln und es dann als Widerstand rechtfertigen. Mishra verteidigt es sicher nicht, aber er ignoriert den moralischen Abgrund des 7. Oktober, um seine Leser und Leserinnen von dem moralischen Abgrund der israelischen Reaktion darauf zu überzeugen. Ich verstehe, dass er das Buch nicht für Juden und Jüdinnen in Israel wie mich selbst geschrieben hat. Aber wie kann er für sich selbst diesen moralischen Abgrund rechtfertigen?

Für wen schreibt Mishra also? Er will ein globales Publikum ansprechen, das nicht politisch, sondern moralisch denkt und fühlt. Auch das kann ich gut verstehen, aber als israelischer Staatsbürger ist es meine erste Pflicht, die Welt aus der Sicht eines souveränen israelischen Staatsbürgers zu beschreiben. Ich frage mich, was die Pflicht von Pankaj Mishra ist. Mit welcher Haltung und inneren Einstellung liest er jüdische Autoren und Autorinnen, wie schaut er auf Gaza? Ist es der Hindu-Nationalismus und sein Kampf gegen den Islam, der Mishra dazu veranlasst, Israels Krieg in Gaza zu verurteilen? Sind es seine jugendlichen Sympathien für die zionistische Befreiungsbewegung, die er nun hinterfragt? Ist es eine menschliche, universale, moralische Position, die er gegen die israelische, partikulare und damit in seinen Augen unmoralische Position ins Feld führt?

Gleichzeitig nimmt Mishra auch eine jüdische-diasporische Position ein. Von dort betrachtet er unsere israelische Welt. Nun braucht sich jüdisches Denken in der Diaspora nicht mit Fragen der militärischen Gewaltausübung auseinanderzusetzen, was bis in die heutige Zeit den großen Unterschied zwischen Juden in Israel und Juden in der Diaspora ausmacht. In Israel entwickelte sich ein Judentum, das vor allem mit Souveränität, Territorium und Macht verknüpft ist. Dieses israelische Judentum grenzt sich ab, ja, muss sich abgrenzen, von einem diasporischen Judentum, das entweder aus der Machtlosigkeit heraus eine universale Ethik entwickelt oder sich als Teil der israelischen Gemeinschaft außerhalb Israels betrachtet. Machtlosigkeit ist noch kein Garant für Wahrheit.

Und Macht sicher auch nicht. Die Existenz des Staates Israel hat das Ressentiment gegen Juden nicht verschwinden lassen. Der Staat Israel steht auch für die aktive, wehrhafte Haltung von Juden und Jüdinnen. Souveräne israelische Juden greifen nun aktiv in die Geschichte ein und vertrauen auf sich und nicht auf Gott oder den Messias. Dazu gehört auch Gewaltanwendung, wenn das jüdische Kollektiv sich verteidigen muss. Diese Gewaltanwendung kann man durchaus verurteilen und kritisieren. Viele Israelis tun das auch, aber als souveräne Israelis sind wir als konkrete Menschen an unser konkretes Dasein mit konkreter Verantwortung gebunden. Das heißt, dass wir als Israelis nicht dazu beitragen sollen, uns Feindseligkeiten zu erlauben, die einen zukünftigen Frieden unmöglich machen. Und das gilt auch für die andere Seite. Anstatt mehr Sicherheit zu bringen, vergiftet die permanente Besatzung die Politik, indem sie die extreme Rechte ermutigt und mithilft, den palästinensischen Radikalismus zu züchten. Ständig ruft die israelische Gewalt Erinnerungen an die palästinensische Katastrophe wach, während palästinensische Gewalt gleichzeitig auf jüdisch-israelischer Seite Erinnerungen an Pogrome und Holocaust wachruft. So auch die Gewalt des 7. Oktober. Wie schon Simone Weil 1940 treffend bemerkte: »Die Gewalt macht jeden, der sie erleidet, zum Ding.«[3] Das trifft in der Tat für den Nahen Osten zu, und diese uns zum Ding machende Gewalt gefährdet auch jeden demokratischen Impuls in der Region. Das sind Widersprüche, von denen Mishra in seiner politischen Bestimmtheit nicht viel wissen will. Er stellt auch keine politischen Lösungsansätze vor, wie zum Beispiel den souveränen Impuls des Zionismus auch auf die Palästinenser zu übertragen, also Hoffnung zu wecken. Ihm geht es nur um moralische Verurteilung.

Für einen postkolonialen Denker wie Mishra müsste dieser souveräne Impuls der Emanzipation eigentlich Sinn ergeben. War die Souveränität nicht

---

3 Simone Weil, *Die Ilias oder das Poem der Gewalt* [1940]. In: Dies., *Krieg und Gewalt. Essays und Aufzeichnungen*. Übersetzt von Thomas Laugstien, Johanna-Charlotte Horst u. Anouk Luhn. Zürich: diaphanes 2011.

auch Teil des antikolonialistischen Impulses? Tut es aber nicht. Auf der einen Seite plädiert er für ein Nebeneinander von Erinnerungen verschiedener Gewalterfahrungen, die nicht in Konkurrenz miteinander stehen, aber dann behauptet er, dass jede Kritik an dieser Sichtweise eurozentrisch und provinziell sei und sogar den Interessen des Staates Israel diene.

Gibt es denn eine interessensfreie Erinnerung überhaupt? In wessen Namen wäre sie möglich? Die intellektuelle Herausforderung ist doch das Kontrastieren und Vergleichen des Partikularen mit dem Universalen, ohne in essentialistische Identitätspolitik zu verfallen. Konflikte zwischen Gewalterfahrungen können nicht einfach universell aufgehoben werden. Auch deshalb können widersprüchliche historische Narrative nicht einfach durch scheinbare Universalisierung miteinander verknüpft werden.

Das heißt dann auch, dass Israel und Zionismus nicht mit Judentum gleichgesetzt werden können. Mishra macht das sicher nicht, aber er tut so, als ob das diasporische Judentum authentischer als das israelische sei, weil es eben von Moralität und nicht von Politik ausgeht. In Israel ist das Judentum keine raumlose Religion mehr, sondern symbolisiert ein Volk mit einem Land und Raum, das politisch handeln kann und muss. Juden in Israel besitzen politische Freiheit, die das Diasporajudentum für sich nicht beanspruchen kann, weshalb es oft auf nationale und internationale Schutzmaßnahmen setzte, die jetzt gegen Israel selbst ins Feld geführt werden. Die Herausforderung der Souveränität ist es, normales Verhalten zu zeigen, sich in die Geschäfte der Staatspolitik einzumischen und als politisch Gleichberechtigte der Weltzivilisation mitzuwirken.

Das ist auch die Herausforderung der politischen Theorie Niccolò Machiavellis, der darauf hinwies, dass die Definition von Normalität im politischen Verhalten Gewalt und Gewaltausübung beinhaltet. Wenn Juden normal werden – wie im konventionellen zionistischen Konzept der Normalisierung definiert –, ist es dann vernünftig zu erwarten, dass sie eine ideale politische Gesellschaft bilden und unhistorisch oder moralischer als andere handeln? Dies ist ein Dilemma, das der Staat Israel nicht gelöst hat, ja, vielleicht nicht lösen konnte. Für Mishra ist es aber kein Dilemma. Er verteilt die Wunschpunkte gemäß seiner moralischen Auffassung. Diese Verwirklichung politischer Normalität und Freiheit durch Juden, wie sie sich im täglichen Verhalten Israels ausdrücken, ist dann auch für Denker wie Mishra zutiefst anstößig. Das muss zu Konflikten zwischen Moral und Politik führen, insbesondere die unpolitische Forderung, dass Juden als Juden moralisch oder sogar moralischer als andere handeln sollten. Natürlich kann Mishra das einfordern, sicher kann er argumentieren, dass Juden und Jüdinnen aus den Erfahrungen der Shoah nun moralischer handeln müssen, aber er übersieht, dass der Staat Israel sich ja auch genau gegen diesen moralischen Anspruch gegründet hat.

Was erwarten Leser und Leserinnen also von diesem Buch? Dass wir Israelis alle auf dem Weg zur Hölle sind und das Paradies für uns für immer verschlossen sein wird? Wie gehe ich als Israeli damit um, dass einer der wichtigsten postkolonialistischen Denker, der in seiner intellektuellen und persönlichen Biografie der Inbegriff des Kosmopolitismus ist, aus Indien stammend, in London lebend, uns Israelis beschuldigt, Rassisten und Verbrecher gegen die Menschheit zu sein, gleichzeitig Juden und Jüdinnen als Kosmopoliten und weltoffen feiert. Ist die Machtlosigkeit in der Tat moralischer? Ein Denker wie Mishra – er ist da nicht alleine – nennt uns Israelis Rassisten und Völkermörder. Wie also damit umgehen und damit leben? Es ist mir zu einfach, das als antisemitisches Gehabe abzutun. Und es als Vereinfachung abzustrafen, geht auch nicht. Ich will mich dem sowohl intellektuell als auch emotional stellen, denn es bleibt an einem hängen, ob Antisemitismus oder nicht.

Irgendetwas geschieht in unserem Namen, wofür wir verantwortlich sind. Verleugnung und Verneinung funktionieren nur teilweise. Wir im Nahen Osten leben tatsächlich in finsteren Zeiten. Zu viele Israelis glauben fest daran, dass das, was uns als Kollektiv angetan wurde, uns das Recht und auch die Pflicht gibt, unempfindlicher für das Leid anderer zu sein. Das mag so sein, ich bin nicht wirklich sicher. Aber auf der anderen Seite, ja, die andere Seite, wie viel Leid von anderen kann man rechtfertigen, um selbst nicht mehr zu leiden? Das gilt für beide Seiten. Die Wucht der Gewalt im Nahen Osten hat das Potenzial, sowohl Israelis als auch Palästinenser gemeinsam zu vernichten.

Ich würde Mishra gerne sagen, dass gerade er als postkolonialer Denker eigentlich wissen sollte, was es heißt, kritisch zu denken. Dass es bedeutet, mehrere Geschichten eines Ereignisses aus der Vielzahl von Perspektiven einzubeziehen und sie erzählen oder hören zu können. Das tut er in diesem Buch nicht. Ein kritischer Denker seines Kalibers sollte erst sich selbst hinterfragen, um die eigene Perspektive zu testen. Auch das tut er in diesem Buch nicht. Ganz im Gegenteil, er verabsolutiert seine eigene Perspektive. Er setzt sich nicht mit der Vielschichtigkeit des Konflikts auseinander. Das wäre auch aus seiner eigenen postkolonialistischen Perspektive angebracht gewesen. Durch einen Perspektivwechsel und die Übernahme anderer Perspektiven können wir besser urteilen. Dann kann man auch mit denen streiten, mit denen man nicht einverstanden ist.

Ich will mich mit Mishra streiten, aber sein Buch verschließt sich. Ich will ihm nicht seine Parteilichkeit nehmen, im Namen der palästinensischen Opfer zu sprechen. Sie brauchen in der Tat Sprecher und Sprecherinnen, gerade in Deutschland, wo ihre Perspektive oft nicht zu Wort kommt und gehört wird. Es geht nicht um Konsens oder Genauigkeit, sondern um Pluralität und Rechenschaftspflicht. Dabei geht es auch um Identitätspolitik und die Frage, wie vermeidbar diese ist. Mishra tut so, als argumentiere er universell. Aber können wir Unterschiede zwischen Gruppen ignorieren, wenn Erinnerungen trennen und dialogische oder multidirektionale Erinnerungen nur begrenzt möglich sind? Einmal artikuliert, konstituieren sich Identitäten als politische Tatsachen.

Trotzdem und gerade deswegen sollten wir Israelis das Buch lesen und ernst nehmen. Wir brauchen es als Spiegel, damit wir uns nicht einer sakralen Selbstgerechtigkeit hingeben. Diese ist angesichts dessen, was in Israel und Gaza geschieht, auch für viele Israelis nicht mehr möglich. Gerade deshalb ist das Buch für uns in Israel wichtig. Im Oktober 2024 unterschrieb Mishra einen kulturellen Boykott-Aufruf gegen Israel. Er wird es daher ablehnen, dass er in Israel auf Hebräisch veröffentlicht wird. Das ist zu bedauern, denn wir müssen uns, ob wir es wollen oder nicht, mit dieser Anklageschrift auseinandersetzen. Israel-Kritiker wie Mishra, auch wenn sie Israel boykottieren, erinnern an die jüdische prophetische Tradition jenseits der Souveränität. Das ist daher nicht nur eine diasporische Position, sondern eine, die das Gespräch zwischen König und Propheten, also das Gespräch zwischen Macht und Moral, sucht. Propheten erinnern souveräne Herrscher daran, dass es noch höhere Autoritäten gibt.

Propheten sprechen die Wahrheit zur Macht. Es ist ein notwendiges Gespräch. Die Mächtigen wollen das Gespräch nicht. Aber auch die Ohnmächtigen verweigern sich im Namen der Moral. Auch Mishra will das Gespräch nicht. Er boykottiert die Macht im Namen der Wahrheit. Dabei sind es gerade seine, wenngleich allzu einfachen Positionen, die an die universale Tatsache anknüpfen, dass Machtausübung einen Preis hat, dass der Staat Israel mit seiner ständigen Kampfbereitschaft und deren Folgen auf vielen Ebenen teuer für seine vermeintliche Freiheit bezahlt – dass insgesamt die Ausübung politischer Souveränität auch um den Preis des Verlusts der Unschuld erfolgt. Das erleben wir gerade sehr deutlich in Israel. Aber der souveräne Staat Israel muss in der Lage sein, das Israelische und das Jüdische voneinander zu trennen und souverän Entscheidungen treffen. Das ist gerade das, was Souveränität ausmacht, die Freiheit, souverän Entscheidungen zu treffen. Aus der diasporischen Perspektive ist das kaum möglich. Auf der einen Seite kritisiert Mishra den universellen Standpunkt der identitätslosen absoluten Wahrheit, nimmt aber dann den Standpunkt der Unterdrückten ein. Beide definieren sich sowohl im Positiven als auch im Negativen mit Bezug zur Macht, aber wollen nicht mit ihr reden.

Ich konnte in den letzten Jahren eine Konsolidierung einer sich mehr und mehr universalisierenden Holocaust-Erinnerung gerade im progressiven Milieu beobachten. In dieser Hinsicht ist Mishra nicht originell. Hier wie da wird Universalisierung qua Aufklärung als progressiver und richtiger als die partikularen und parallelen Erinnerungen von Opfergruppen aufgefasst. Im Fall der Shoah kann das auch zu einer Missachtung, ja, sogar Auslöschung partikularer jüdischer Erinnerung führen. Mishra will und kann nicht zwischen jüdischen Erinnerungen und Erinnerungen an das, was Juden und anderen zugestoßen ist, unterscheiden. Als postkolonialer Denker, der die Welt in Weiß und Nichtweiß aufteilt, betrachtet er Israel als eine weiße europäische Formation, die in kolonialistischer Weise den arabischen Raum eroberte und weiter erobert. Von palästinensischer Seite mag das sogar gerechtfertigt sein. Sicher erkennt Mishra, dass Juden nicht zur weißen Hegemonie gehören, wenn sie seiner Meinung nach eine moralische Minderheitsmeinung vertreten.

Und daher würde ich Pankaj Mishra zurufen, wenn er mich nicht boykottieren würde, dass die Gründung des Staates Israel als jüdischer Staat oder Judenstaat das Verhältnis von Moderne und Judentum von Grund auf verändert hat. Und daher kann der Zionismus, die Bewegung also, die auf die Ausübung jüdischer politischer Souveränität pochte, selbst als eine antikolonialistische Befreiungsbewegung beschrieben werden. Aber das kann in seiner dichotomischen Sichtweise nicht sein Anliegen sein. Es ist schade, dass sein kluges Buch dann doch immer in ein starres postkolonialistisches Modell zurückfällt und immer wieder eine Vereinnahmung der jüdischen Katastrophe für sich in Anspruch nimmt, die sich aber gleichzeitig als fortschrittlich und frei von ethnischen Bindungen präsentiert.

In den gewalttätigen Ereignissen und ihrer Wahrnehmung, die bis heute – und insbesondere seit dem 7. Oktober – ihre Resonanz haben, zeigen sich die verschiedenen Interpretationen der Zeiten und der Orte. Viele Juden und Jüdinnen inner- und außerhalb Israels erlebten diese Gewalt als Fortsetzung der jüdischen Leidensgeschichte. Araber wurden zu europäischen Antisemiten, die Pogrome an Juden verüben – und das auch schon in den Jahren, bevor Hitler in Deutschland an die Macht kam. In dieser Wahrnehmung sind die Juden keine weißen Europäer, sondern eine um die Befreiung kämpfende Minderheit. Und für die arabische Seite ist die Gewalt der Beginn des antikolonialistischen Befreiungskampfs gegen die europäischen Juden, die arabisches Land besetzten.

Diese beiden Geschichtsinterpretationen, die bis heute weiter ihre Wirkung haben, können sich wohl nirgends treffen. Mishra erkennt aber nicht einmal die Möglichkeit dieser beiden Interpretationen an. Er bevorzugt eindeutig die universelle Sichtweise, in der die Shoah der Welt und nicht nur den Juden widerfuhr. Und das macht von seiner politischen Perspektive aus auch Sinn. Er privilegiert eindeutig ein universelles gegenüber dem partikularen Gedächtnis, das aus seiner Sicht das militärische Vorgehen der israelischen Armee legitimiert. Diese Kritik macht das universelle Gedächtnis bestimmt nicht würdevoller oder authentischer. Und sie ignoriert, dass die meisten jüdischen Denker und Denkerinnen, die Mishra mobilisiert, in Sowohl-als-auch- und nicht in Entweder-oder-Kategorien dachten. Diese unterschiedlichen, aber nicht immer artikulierten zugrundeliegenden Sichtweisen können nur zu gegenseitigem Misstrauen und wechselseitigen Vorwürfen führen, zu Auseinandersetzungen, die dann schon lange nicht mehr auf wissenschaftlicher, sondern auf politischer und moralischer Ebene geführt werden.

Nichtsdestotrotz muss ich viele seiner Kritikpunkte anerkennen. Ich bin mir bewusst, dass die Idee eines »jüdischen Staates« – eines Staates, in dem wir Juden und die jüdische Religion und Nation als partikulare Markierung verstanden werden, von denen nichtjüdische Bürger oft ausgeschlossen sind – frontal auf ein universales aufklärerisches Gleichheitsdenken trifft. Das ist das Prinzip Israel. Das erkenne ich für mich ohne Einschränkungen an, stehe aber jeder Forderung, dass Palästina vom Fluss bis zum Meer frei sein soll, mehr als skeptisch gegenüber. Mehr noch, ich sehe sie als gleichbedeutend mit dem Unwillen und der Ablehnung, diese Welt mit mir zu teilen. Aber auch jüdische Israelis, die glauben, der Raum gehöre nur ihnen, sind aus meiner Sicht nicht bereit, eine gemeinsame Welt zu teilen.

Das heißt sicher nicht, dass ich das Leid der anderen Seite ignoriere, wie Mishra wohl von uns Israelis denkt, und dass wir unter einer »Überlebenspsychose« litten. Die gegenseitige Anerkennung der erlittenen Katastrophen mag ein kleiner Schritt aus der Spirale der Gewalt sein. Aber jenseits dieser vermuteten Psychose hat der Staat Israel Feinde, ja, sogar Todfeinde. Und diese Feinde haben durchaus auch antisemitische Motive und einen Vernichtungswillen. Das ist kein Monopol der israelischen Seite. Und sicher trage ich als israelischer Staatsbürger politische Verantwortung für alles, was in meinem Namen geschieht. Dazu gehört auch der Militäreinsatz im Gazastreifen, bei dem viel zu viele Menschen ihr Leben verlieren und bei dem die israelische Armee sich nicht an die internationalen Regeln hält.

Dafür tragen wir als Israelis politische Verantwortung, die uns noch lange nachgehen wird. Die israelische Armee steht aber gleichzeitig zwischen mir als Souveränität ausübendem Israeli und meiner Auslöschung. Auch das wird von dem Israel boykottierenden Pankaj Mishra ignoriert. *Die Welt nach Gaza* ist daher ein Buch ohne relevantes Publikum. Und ehrlich gesagt ist das mehr als bedauerlich. Denn Mishra will am Ende doch Hoffnung in finstern

Zeiten und setzt seine Hoffnung auf eine junge Generation, die eine neue Welt aufbauen will. Dafür gehen auch Menschen in Israel fast täglich auf die Straße. Aber in seiner eigenen moralischen Verve ignoriert er diese Menschen. Er sieht nur ein monolithisches Israel, das es nicht gibt. Und ohne die Beteiligung von uns Israelis wird diese neue Welt nicht entstehen. Es ist sehr schade, dass Mishra sich dem verschließt.

Sebastian Huhnholz
Nach den Sondervermögen ein Sondervotum

Das Karlsruher Urteil zum Solidaritätszuschlag

In der alten Bundesrepublik gab es bis weit in die 1970er Jahre hinein praktisch keine Krisen des Staatshaushalts.[1] Mäßigungsappelle waren unnötig, die Steuerbelastung niedrig, Wahlversprechen angesichts steigender Wohlstands- und Verteilungsniveaus realistisch. Materielle Kernkonflikte wurden in stärker korporatistische Arrangements gelenkt, andernfalls in Universitätsseminare.[2] Sie manifestierten sich jedenfalls eher in koordinierten Konflikten der Lohn- und Tarifpartner als in parlamentarischen Haushaltsverhandlungen.[3] Die Entwicklung der Finanzverfassung konnte sich umso mehr abseits der Bonner Aufmerksamkeit vollziehen und sogar jenseits des politikwissenschaftlichen Radars.[4] So blieben steuer-, eigentums- und verteilungspolitische Auslegung und Entwicklung der Finanzverfassung stets Sache der Spezialisten. Bis in unsere Gegenwart hinein sind sie kaum allgemein vermittelbar.[5]

Die einmaligen ökonomischen Voraussetzungen dieser Idylle sind mittlerweile Geschichte.[6] Bestand dagegen hat die öffentliche Sprach- und Orientierungslosigkeit in Sachen Finanzverfassung. Hartnäckig halten sich zwar kultivierte Gerüchte, die Schulden von heute seien die Steuern von morgen oder der Staat habe wie die »schwäbische Hausfrau« zu agieren. Doch von den volkswirtschaftlichen Realitäten und fiskalischen Praktiken ist das weniger denn je gedeckt. Ob man nun an die »Bazooka« der Corona-Hilfen denkt, den militärischen Schattenhaushalt im Zeichen der »Zeitenwende«, an den »Doppel-Wumms« (»Gaspreisdeckel« und flankierende Preisbremsen in Höhe von 200 Milliarden Euro) oder das Haushaltsurteil des Bundesverfassungsgerichts im November 2023, das der »Ampel« das Licht ausknipste, wonach Neuwahlen fällig wurden und sich eine mutmaßliche neue Regie-

1 Eine Vorfassung dieses Beitrags erschien am 8. April 2025 beim Verfassungsblog.

2 Anne Kurr, *Verteilungsfragen. Wahrnehmung und Wissen von Reichtum in der Bundesrepublik (1960–1990)*. Frankfurt: Campus 2022.

3 Philip Manow, *Social Protection, Capitalist Production. The Bismarckian Welfare State in the German Political Economy, 1880–2015*. Oxford University Press 2020.

4 Marc Buggeln, *Ein bisschen Theorie und wenig Empirie: Die öffentlichen Finanzen als Thema der bundesrepublikanischen Politikwissenschaft (1949–1989)*. In: *Politische Vierteljahresschrift*, Nr. 59/1, 2018.

5 Sebastian Huhnholz, *Austerität und Ausnahme*. In: *Merkur*, Nr. 898, März 2024.

6 Michel Foucault, *Die Geburt der Biopolitik. Geschichte der Gouvernementalität II*. Aus dem Französischen von Jürgen Schröder. Frankfurt: Suhrkamp 2006.

rung durch alte Bundestagsmehrheiten mit einem XXL-»Wumms« im Billionenformat die Geschäftsgrundlage für ihre Koalitionsverhandlungen genehmigte: Die »Schwarze Null« ist erledigt, die »Schuldenbremse« geschleift.

Zu spät zur Zeitenwende

Wie verhält sich das Grundgesetz zu dieser Lage, wie stellt sich Karlsruhe dabei auf? Das scheint zunächst leicht zu beantworten, hat doch das Bundesverfassungsgericht die jüngsten Verschuldungspakete und deren merkwürdige Verabschiedung durchgewunken. Daraus unproblematisches Einverständnis abzuleiten wäre dennoch zu kurz gegriffen. Vielmehr ist die Situation in entscheidenden Aspekten grundlegend neu, geläufige staatsrechtliche Kategorien und Begründungsmuster greifen kaum.[7]

Ziehen wir ersatzweise ein paralleles Urteil hinzu, um die Lage zu sondieren: die Karlsruher Entscheidung vom 26. März 2025. Darin bestätigte der Zweite Senat des obersten Gerichts die Verfassungskonformität des Solidaritätszuschlags in seinem aktuellen Zuschnitt. Beklagt worden war, dass diese vor bald drei Jahrzehnten zur Finanzierung der Deutschen Einheit eingeführte Ergänzungsabgabe mittlerweile allzu ungerecht erhoben würde und außerdem gegen die Privateigentumsgewähr des Grundgesetzes verstieße. Dazu später genauer. Für uns besonders interessant soll sein, dass die das Urteil mittragende Bundesverfassungsrichterin Astrid Wallrabenstein eine abweichende Meinung anfügte.[8] Sie kritisiert, mit seiner Urteilsbegründung habe der Zweite Senat die Kompetenz der Gewaltenteilung eigenwillig überschritten, sich namentlich einen »Kontrollanspruch« über die vom »Gesetzgeber« angeführte[n] Finanzbedarfe [...] konstruiert«. Ob, heißt das, der Solidaritätszuschlag »evident« fortbestehen darf, wolle Karlsruhe zukünftig selbst nachrechnen (ich pointiere).

Nach den »Sondervermögen« nun also ein Sondervotum zu einer besonderen Abgabe. Das ist alles weit mehr als aufgesetztes Wortgeklingel – Sondervermögen, gesonderte Abgabe, Sondervotum. Auch dass das Urteil zum »Solidaritätszuschlag« erging, ist nicht nebensächlich. Diese Bezeichnung, einst geschaffen, eine gute Zwecksteuer assoziieren zu lassen, markiert den Beginn

---

7 Maxim Bönnemann, »*Das ist gespenstisches Verfassungsrecht*«. *Fünf Fragen an Florian Meinel*. In: *Verfassungsblog* vom 14. März 2025 (verfassungsblog.de/das-ist-gespenstisches-verfassungsrecht/).

8 Bundesverfassungsgericht, Urteil vom 26. März 2025 (bundesverfassungsgericht.de/SharedDocs/Entscheidungen/DE/2025/03/rs20250326_2bvr150520.html?nn=68080). Alle im Folgenden angeführten Zitate beziehen sich, so nicht anders ausgewiesen, hierauf.

einer finanzrhetorischen Epoche, in der die Exekutive zu Metaphern greift, um Sonderanlässe zu markieren und sie mit Sondermitteln zu bewirtschaften. Dass sich in der aktuellen Entscheidung über den Solidaritätszuschlag noch das Echo einer alten Ausnahmesituation zeigt, passt insofern gut, als sich daran die Orientierungsarmut der neuen Sonderlage spiegeln lässt.

Mitfühlend könnte man ja bloß von Pech sprechen, dass der Karlsruher Termin den Berliner Wunschkoalitionären ausgerechnet während des fiskal- und haushaltspolitischen Stresses jener Wochen on top kam – wäre die Sache nicht ohnehin im Sande verlaufen. Politisch indes *muss* von Pech gesprochen werden. Denn gerade die (von Wallrabenstein monierte) höchstrichterliche Berufung auf bitte doch »evidente« Belastungsgründe für eine befristete Ergänzungsabgabe wäre eine Steilvorlage für eine Verteidigungssteuer ohne Bundesratsbeteiligung gewesen. Der Gesetzgeber hätte statt Verschuldung und Verfassungsänderung einen einfachgesetzlichen und sozialgestaffelten, also progressiven Steuerzuschlag für Bundeswehrbelange erwägen dürfen. So aber kam das Urteil zu spät, um als verfassungsrichterlich bestätigte Alternativoption noch auf das Ringen über die Schuldenpakete Einfluss zu nehmen.

Dennoch verstärken und verdeutlichen Entscheidung und Sondervotum das grundlegende Dilemma der deutschen Finanzverfassung: Sie zeigt sich störrisch gegenüber den global rasanten und die Bundesrepublik offenkundig belastenden Umbrüchen der finanz- und geopolitischen Ökonomie, verführt genau darum aber diverse Interessenten zu verfassungsrechtlich innovativen Instrumentalisierungen. Und just in dieser Hinsicht ist Wallrabensteins Sondervotum ungemein interessant, geradezu radikal. Indem der Zweite Senat mehrheitlich »dem die steuerrechtliche Fachliteratur dominierenden Anliegen nachgibt, die Ergänzungsabgabe« des Solidaritätszuschlags »an materielle Voraussetzungen zu binden«, verkürze er »einseitig« den bundesgesetzgeberischen »Gestaltungsspielraum« *zulasten* der eingepreisten sozialen Umverteilungswirkungen und *zugunsten* einer durch Karlsruhe ganz neuartig konstruierten, höchstrichterlich assistierten Vetomacht der progressiv Belasteten.

Paradise Lost

Karlsruhe scheint Berlin also zuzurufen: Schluss mit Überfluss und Umverteilung! Zurück zur Einheit von Aufgabe und Abgabe! Hier zeigen sich die Erblasten der frühen Bundesrepublik gleich doppelt. Erstens hatte ihr boomendes Wachstum (der jungen Bevölkerung, der Produktivität, der Verteilungsmasse usf.) die weitgehende Depolitisierung der Staatsfinanzen begünstigt. Die dem Verfassungsgefüge entgegenkommende Versorgung des Staates durch Steuern durfte nicht nur der Industriegesellschaft als

Selbstverständlichkeit erscheinen. Auch die immer kleinteiligere Verschachtelung von Grundrechten und Finanzverfassung stieß unter diesen Bedingungen nie auf ernsthaften Protest. Unter dem immer dichter gewebten Deckmantel von Eigentums-, Berufs-, Unternehmer-, Vertragsfreiheit und anderem mehr ließ sich die Zementierung von Eigentum, Privatisierungschancen und Vermögen hinter der abgaben- statt steuerfinanzierten Dynamik des Sozialversicherungsstaats verbergen. Vereinfacht gesagt: Die Bessergestellten hatten wenig Grund zur Klage, im Gegenteil. Schließlich wurde auch das Sozialstaatsprinzip dahingehend entwickelt, dass die Solidarversicherungsabgaben die private Eigentumsordnung quersubventionierten[9] und der Steuergesetzgeber keinen Budgetzugriff auf diese Abgaben erhielt.[10] Dass äußerlich zwar alle »normativen Fragen von Gleichheit, Macht und Umverteilung [...] scheinbar« dem Verfassungsrecht unterstellt waren, ließ übersehen, dass selbst Karlsruhe »diese Fragen gar nicht mehr thematisieren konnte«,[11] weil die »parafiskalischen« Abgaben von der parlamentarischen Steuerbewilligung getrennt waren. Folglich wurde das Hohe Gericht kaum angerufen.

Diese Ausgangslage hat sich allmählich verkehrt. Die seit drei Jahrzehnten gestiegene Bereitschaft, mit fiskalischen Sonderlagen zu experimentieren, spült auch dem Verfassungsgericht Fälle zu, die ihm Anlass für Interventionen bieten. Denn warum sich unter den beschriebenen Voraussetzungen jeder hartnäckige Wirtschaftseinbruch (man denke zuletzt nur an den Beginn eines Zollhandelskriegs unter Trump II) und ohnehin eine Transformation (heute: Demografie, Digitalisierung, Ökologie, Migration, Finanzialisierung usw.) in eine Fiskal-, Integrations- und letztlich Systemkrise zu übersetzen drohen, versteht sich eigentlich leicht, war doch »Wachstumsvorsorge« ohne umverteilenden Eigentumseingriff zur heimlichen Staatsräson geworden.[12]

9 Für ein Beispiel der Quersubventionierung von Privateigentum vgl. demnächst Nicole Kramer, *Die Pflegeversicherung als Erbenschutz?* In: Simone Derix / Jürgen Dinkel (Hrsg.), *Das Wissen vom Erben und Vererben* (i. V.).

10 Claus Offe, *Sozialstaat* [2008]. In: Ders., *Der Wohlfahrtsstaat und seine Bürger.* Wiesbaden: Springer 2018.

11 Florian Meinel / Christian Neumeier, *Die politische Ökonomie des öffentlichen Rechts. Umrisse einer Forschungsfrage.* In: *Der Staat*, Nr. 64/1, 2025.

12 Peter Badura, *Wachstumsvorsorge und Wirtschaftsfreiheit.* In: Rolf Stödter / Werner Thieme (Hrsg.), *Hamburg, Deutschland, Europa.* Tübingen: Mohr 1977. Ein markanter Ausdruck dessen wurde die »Konzertierte Aktion« als neuartiges Koordinationsverfahren auf Basis von »Orientierungsdaten« und Appellen, mit denen der Staat seine Abhängigkeit von der Wirtschaft einer pluralistischen Industriegesellschaft gesetzlich eingestand. Vgl. Ernst Forsthoff, *Der Staat der Industriegesellschaft.* München: Beck 1971.

„Ein Vergnügen und eine Zumutung,
eine Inspiration und eine Provokation."
– FAS

Der *MERKUR* im Abonnement

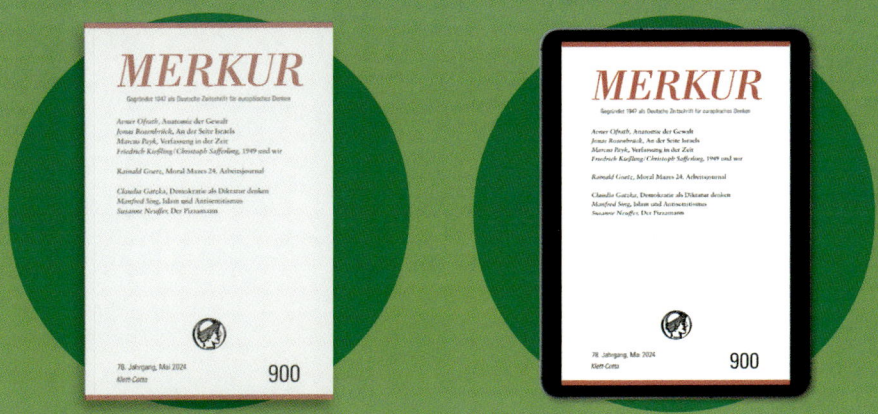

Ja, ich will den *MERKUR* abonnieren!

Jahresabo Print:
12 Ausgaben in der Printversion
152 € zzgl. Versand (D) 21,60 €;
(CH) 36 CHF; (EU) 31,20 €;
(übriges Ausland) 45,60 €

Jahresabo Digital:
12 Monate *MERKUR* digital:
Alle Ausgaben online und zum Download
(ePub, MOBI, PDF) + freier Zugang zum
Archiv mit allen Texten der Zeitschrift
seit 1947.
152 €

Jahresabo Print + Digital
178 € zzgl. Versandkosten: (D) 21,60 €; (CH) 36 CHF; (EU) 31,20 €; (übriges Ausland) 45,60 €

Als Buchprämie wähle ich

● Martina Hefter ● Venki Ramakrishnan ● Peter Heather, John Rapley

Nach Ablauf eines Jahres ist das Abonnement monatlich kündbar.

_____

Datum, Unterschrift

Wählen Sie Ihre Buchprämie

Hey guten Morgen, wie geht es dir?
Martina Hefter

Warum wir sterben
Venki Ramakirshnan

Stürzende Imperien
Peter Heather, John Rapley

25EIN

Aboservice
+49 (0) 89 / 85 853 – 868 klett-cotta@cover-services.de

Absender

_____
Vorname, Name

_____
Straße und Hausnummer

_____
PLZ und Ort

_____
Telefon (optional für Rückrufe)

_____
E-Mail

Deutsche Post
ANTWORT

Leserservice
Verlag Klett-Cotta
Postfach 13 63
82034 Deisenhofen

Dank herrschender Grundgesetzauslegung aber ist es der Politik versagt, auf dieses Dilemma eine grundsätzliche Antwort zu finden. Auch der Sozialstaat kann seit zwei Jahrzehnten nicht mehr aushelfen. Seine »hochgradig fragmentierten Sozialsysteme« bleiben zwar über den Markt aufgezogen und sind weiterhin nach soziokulturellen Milieus, ökonomischer Potenz und gesellschaftlichen Statusgruppen sortiert.[13] Doch seit den Schröderschen Reformen und angesichts der auf Jahrzehnte unlösbaren demografischen Schieflage sind sie nun zunehmend steuerlich querfinanziert – und dadurch ins Spielfeld des Haushaltsgesetzgebers verrutscht.

Die seit dem letzten Wahlkampf wieder mit allerlei anekdotischer Evidenz geführten Angriffe auf angebliche Sozialschmarotzer und dreiste »Totalverweigerer« beispielsweise sind insofern verschleiernde Moralpolitik. Ihre etatistische Militanz spielt nur das Herrschaftswissen um die seit den Hartz-Reformen strukturell eingeleitete Fiskaltransformation aus. Denn in der Tat kann mittlerweile der Steuerhaushaltsgesetzgeber dem Sozial- und Rentenstaat den Hahn zudrehen. Je angespannter die Budgetlage ist, desto attraktiver mag es werden, das grundgesetzliche Sozialstaatsprinzip als optionale Wohltat zu interpretieren. Und je parteipolitisch inopportuner solch ein Gebaren hingegen erscheint, desto rationaler wird der Zugriff auf Zukunftsreserven, die die eigene Klientel mehr bedienen als belasten. So und so geraten Grundrechte, Staatsprinzipien und Gewaltenteilung unter den veränderten Stabilitätsbedingungen in den Strudel einer Politischen Ökonomie.

Angesichts der dabei für ganz alternativlos befundenen Arbeits- und Marktfinanzverfassung wurde auch die Kur dieser autoritären Kehrseite des Steuerstaats am Maßstab konjunkturgelenkter Staatsreformen enggeführt. Das ist eine zweite Erblast: Politische Probleme werden in wirtschaftliche Herausforderungen übersetzt, auf ökonomische Kennzahlen reduziert und über sie qualifiziert. Denn beides zusammen – ein grundgesetzlich unbekannter, doch für die Moderation der Gesellschaftsverwerfungen unerlässlicher Wachstumsprimat – führt in die seltsame Konstellation, dass sich Gesetzgebung und Rechtsprechung wechselseitig auf eine, paradox formuliert, wachstumswirtschaftliche Nachhaltigkeit verpflichten.

Austerität, Lohnzurückhaltung, Vollbeschäftigungsideal, Steuerverschonung, Bürokratie- und Sozialabbau sind *die* reflexhaften Krisenmittel der unbewussten Selbstzufriedenheit mit einer steuerstaatlichen Finanzverfassungsstruktur, die es, so die bundesrepublikanische Erfahrung, vor

---

13 Cornelia Heintze, *Auf getrennten Wegen? Wie und wo sich die sozialstaatlichen Pfade von Deutschland und Österreich unterscheiden.* In: *Berliner Debatte Initial*, Nr. 35/2, 2024.

Überbeanspruchung und Überlastung immer nur vorübergehend zu schützen gelte. Im Sinne derartiger Vorwärtsverteidigung kommentierte der zu diesem Zeitpunkt noch designierte Kanzler seinen eigenen Ausgabenexzess mit einer bezeichnenden Metapher: »Die Zeiten des Paradieses, wo jeder Wunsch möglich ist, sind vorbei.«[14] Der Investitionsschub der neuen Schuldenpakete sei nur durch asketische Läuterung zu rechtfertigen. Weil »Schuldenbremsen« gedrosselt werden, sollten Wachstumsbremsen gelöst werden.

Wenn der Verfassungstext blaumacht

Das juridifizierte Pendant dazu sind Konstitutionalisierungsversuche, die noch so offensichtlichen Abweichungen vom alten Routinebetrieb den Anschein ökonomischer Berechenbarkeit und verfassungsgeschichtlicher Kohärenz geben.[15] Gewiss hat Karlsruhes subtile Fiskalpolitik Tradition. Sie ist sogar ein Grundzug der bundesdeutschen Finanzverfassungsgeschichte, allemal ihrer kriseninduzierten Meilensteine.

Angefangen hatte alles mit Ernst Forsthoffs Anliegen, durch einen Kompromiss zwischen *property* und *prosperity* einen Steuerstaat zu begründen, der die nach oben offene Wachstumsskala miterklimmt.[16] Erfolgreiches Ziel dieser für den Wachstums-Boom charakteristischen Intervention war es, eine konträre, tendenziell linksradikale Ausdeutung des Sozialstaatsprinzips aufzuhalten, namentlich umverteilende bis konfiskatorische Besteuerungschancen (nach Art. 14,2f. Grundgesetz) durch eine fundamentale Eigentumsgarantie auszuschalten. Dass der Sozialisierungsartikel (Art. 15 Grundgesetz) niemals aktiviert wurde, geht ganz maßgeblich auf diese früh hochgezogene Sperre zurück. Sozialen Ausgleich und demokratische Umverteilung wollte Forsthoff auf die gleichmäßige Besteuerung von industriegesellschaftlichen Produktionserträgen dressieren.

Kaum minder *out of the constitutional blue* kam Paul Kirchhofs »Halbteilungsgrundsatz«, laut dem sich demokratische Politik am Maßstab individueller Leistungsbereitschaft zu orientieren und darum dem Steuerbürger verbindliche Belastungsobergrenzen an die Hand zu geben habe. Mit

---

14 *Merz kündigt Einsparungen an.* In: *Tagesschau* vom 16. März 2025 (tagesschau.de/inland/innenpolitik/merz-droege-finanzpaket-100.html).

15 Philip Manow / Sebastian Huhnholz, *Fiskalischer Konstitutionalismus. Ausgaben, Aufgaben und Ausnahmen.* In: Aaron Sahr u.a. (Hrsg.), *Politische Theorie(n) der öffentlichen Finanzen.* Sonderband *Leviathan* 2025 (i. E.).

16 Florian Meinel, *Lücke, Logik oder Legitimation des Rechtsstaats? Ernst Forsthoff und Wolfgang Abendroth über den Steuerstaat.* In: Sebastian Huhnholz (Hrsg.), *Fiskus – Verfassung – Freiheit.* Baden-Baden: Nomos 2018.

bezeichnender Analogie zu Ehe und Scheidung meinte Kirchhof, eine »faire« Teilung der nur gemeinsam möglich gewordenen Zugewinne zwischen Bürgern und Staat sei auf eine 50-Prozent-Marke zu beschränken.[17]

Mit solch folgenschweren Richtungsentscheidungen waren Anreize gesetzt, eine emanzipatorische Auslegung des Grundgesetzwortlauts durch quantifizierbare Benchmarks und wirtschaftsdynamische Verschränkung zu zügeln. Diese Mentalität mag man steuermoralisch nachvollziehen können. Politisch freilich unterfängt sie die Ökonomie des auf Privatwirtschaftswachstum konditionierten Marktsteuerstaats. Und gegen dessen eigentlich unbegrenzte Besteuerungsgewalt dann verfassungstextlich ungedeckte Brandmauern zu erfinden ist offenbar umso aussichtsreicher, je mehr dafür kaufmännische Anschaulichkeit, Leistungsethik und Skepsis gegen die Mehrheitsdemokratie harmonieren. Es kann insofern gar nicht verwundern, wenn die aus den genannten Beispielen sprechende finanzverfassungsinterpretatorische Verschränkung von privatnützigen Leistungsanreizen und politischen Abschöpfungsgrenzen auf weitere Einrichtungen ausstrahlt – man denke nur an die ebenfalls ausgedachte »Konjunkturkomponente« der »Schuldenbremse«.[18]

Eine vergleichbare Skepsis gegenüber einer quantitativen Qualifizierung der Verfassungsmäßigkeit markiert nun Wallrabensteins Sondervotum. Die in die Urteilsbegründung eingeschleuste »neue Benennungspflicht [...] und Beobachtungsobliegenheit«, mit denen der Zweite Senat dem Gesetzgeber einen rechnerischen Nachweis der materiellen Voraussetzungen für die Erhebung des Solidaritätszuschlags auferlegt und sich selbst die Prüfung der Angemessenheit beimisst, individualisiere gewissermaßen die Steuerstaatsnorm des Grundgesetzes zu einem für jedermann via Verfassungsbeschwerde reklamierbaren Zahlenwert. »Das »erschwere« nicht nur »die Erhebung einer Ergänzungsabgabe« überhaupt, sondern schaffe auch »Unsicherheit mit der Folge, dass der Gesetzgeber in Zukunft nicht nur auf den Solidaritätszuschlag, sondern auf diese Abgabeform überhaupt verzichten dürfte«.

Insofern lasse die neue Verfassungslage sogar eine »Wirkung in der Tradition des Vermögensteuerbeschlusses« befürchten. Es drohe also der Verzicht auf eine vielfach wichtige Steuer infolge eines verfassungsgerichtlichen Sowohl-als-Auch. Die Detailbegründung des neuen Urteils zeige damit, so Wallrabenstein ausdrücklich, nicht nur eine gewaltenteilig und demokratisch

---

17 Oliver Sauer, *Abschied vom Halbteilungsgrundsatz. Das Bundesverfassungsgericht stärkt die Gestaltungsfreiheit des Steuergesetzgebers*. In: *Forum Recht*, Nr. 8/4, 2006.

18 Max Krahé u.a., *Wird die Konjunkturkomponente der Schuldenbremse ihrer Aufgabe noch gerecht?* In: *Wirtschaftsdienst*, Nr. 101/8, 2021.

fragwürdige »Bereitschaft« des Bundesverfassungsgerichts, durch einen »für das Steuerrecht grundlegend neuartigen« Trick »in die Finanzpolitik einzugreifen«. Sie unterstreiche einen erneuten Karlsruher Willen zur »Erweiterung der Eigentümerstellung zu einem Kontrollrecht über Staatsausgaben«.

Was vom Solidaritätszuschlag bleibt

Das klingt nach ausgesprochen schweren Geschützen. Gerade kollegial spricht sich ein derart antilibertär zuschlagender Vorwurf wohl nicht leicht aus, eine Judikative, die mit Ignoranz gegen das Sozialstaatsprinzip ihre Verfassungskompetenzen überschreite, ebne plutokratischer Renitenz den Weg.

Um den notorisch umstrittenen Solidaritätszuschlag an sich geht es dabei offenkundig nur bedingt. Mit dem jährlichen Aufkommen von zuletzt zwischen 18 und 11 Milliarden Euro, die womöglich auch bis 2021 rückwirkend zu erstatten gewesen wären, stand sicher das Risiko eines beträchtlichen Kompensations- und Ausfalldefizits im Raum. Generell aber ist die ab 1995 durch einen »Aufbau Ost« spezifisch begründete Ergänzungsabgabe mit abschmelzendem Gesamtvolumen längst kein Riesenpfund im Bundesjahreshaushalt mehr. Aufgrund des Rückgangs der einigungsbedingten Mehrkosten ist sie ein Übergangsposten, dem das Verfassungsgericht zudem eine lose Auslauffrist um 2030 herum prognostiziert.

Darum war der Solidaritätszuschlag ohnehin mittlerweile dahingehend reformiert und angepasst worden, dass ausschließlich noch Besserverdiende, Unternehmen und Kapitalerträge direkt belastet werden. Der seit 1998 5,5 Prozent betragende Aufschlag zur Einkommensteuer musste nach einer Gesetzesreform, die die Freibeträge deutlich angehoben hatte, seit 2021 nur noch von etwa 10 Prozent der Einkommensteuerpflichtigen getragen werden sowie als Aufschlag auf die Körperschaftsteuer und Kapitaleinkünfte. Die Beschwerdeführer nun sahen just dadurch nicht nur die Eigentumsgarantie berührt (Art. 14 Grundgesetz), sondern vermuteten auch einen Verstoß gegen den allgemeinen Gleichheitssatz (Art. 3,1 Grundgesetz).

Das ist durchaus ein Politikum. Denn taktisch zielte der Doppelansatz der Beschwerdeführer auf eine so und so willkommene Option: entweder eine über den abzuwehrenden Eigentumseingriff begründete Abschaffung der Ergänzungsabgabe, inklusive rückwirkender Erstattung. Oder aber Wiederverbreiterung der zweckgemäßen Gesamtsteuerschuldaufteilung, de facto also: Steuererhöhung für die Bevölkerungsmehrheit mit relativ dazu stark sinkendem Progressionsniveau. Denn ein weiteres Politikum liegt im technischen Charakter der Ergänzungsabgabe selbst. Als Finanzbelastung aufgrund eines in Dauer und Höhe begrenzten Mehrbedarfs des Bundes ist dieses Instrument doppelt aufgabenbezogen. Es ist auf einen konkret nachweisbaren Zweck implizit nationaler Tragweite beschränkt, dessen Verfolgung in Bundeshand liegt. Es kann nicht beliebig ausgeweitet oder an Gliedstaaten und Kommunen delegiert werden. Die Einordnung als »ergänzende« Abgabe (auf eine bereits zugrundeliegende Steuerart) verhindert dabei sowohl die Alternative – eine Steuererfindung des Gesetzgebers – wie auch den Exzess: Quasikonfiskation oder Erdrosselungsabgabe. Denn im Unterschied zu Normalsteuern lebt die Ergänzungsabgabe von der Besonderheit, dass sie nicht an einem individuellen Tatbestand ansetzt, sondern vom Staat her begründet wird: Das Erfordernis der finanziellen Bewältigung einer überschaubaren Aufgabe begrenzter Dauer legitimiert und limitiert den einfachgesetzlichen Griff des Bundesgesetzgebers zu diesem Instrument. Zur Bewältigung einer akuten Notlage oder Deckung »kurzfristiger Bedarfsspitzen« ist es, wie es in der mündlichen Urteilsverkündung hieß, nicht gedacht.[19]

Nur ein aufgabenbezogener und struktureller Mehrbedarf also begründet eine Alleinzuständigkeit des Bundes. Die Länderkammer genießt kein Mitspracherecht. Handelt es sich bei der Ergänzungsabgabe mithin nur um ein vorübergehendes und zusätzliches Finanzierungsmittel, so doch um ein finanztechnisch vergleichsweise bequemes, politisch sehr leicht gestaltbares und bundesregierungsseitig umso attraktiveres, im Volumen inhärent und proportional begrenztes Instrument. Und so hat diese Konstruktion auch haushaltsplanerische Folgen. Denn tendenziell liegt tatsächlich eine recht einfache Gleichung vor: Je beispielsweise konjunktur- und bemessungsbedingt höher das Gesamtaufkommen der Ergänzungsabgabe ist, desto spürbarer sollten die Steuertarife gesenkt werden, um keine Überschüsse zugunsten potenziell zweckfremder Verwendung zu riskieren. Hier setzt die neuartige Ableitung des Zweiten Senats an: Der Haushaltsgesetzgeber sei in der Pflicht, fortbestehenden Bedarf rechnerisch nachzuweisen.

Ein besonderes Politikum ist konkret der Solidaritätszuschlag lediglich seiner eigentlichen Zweckbegründung nach. Dass er entgegen dem Begründungsanschein keine Zwecksteuer von West- für Ostdeutsche, sondern orts- wie geburtsunabhängig zu zahlen ist und auch ganz allgemein im Gesamthaushalt des Bundes aufgeht, hat die irreführenden Klischees und Ressentiments gegen ihn nie beseitigen können. Wie die legendäre Schaumweinsteuer für die Ertüchtigung der kaiserlichen Kriegsmarine leidet der Solidaritätszuschlag von jeher an einer populistischen Schlagseite, die nicht zuletzt auf die Ambivalenz jeder Zwecksteuerrhetorik selbst zurückzuführen

---

19 *Solidaritätszuschlag: Urteil des Bundesverfassungsgerichts am 26. März 2025*. In: *Phoenix* (www.youtube.com/watch?v=qUtzgur6ktI).

ist. Die Politik spielt gern mit klientelgefälligen Assoziationen (»Reichensteuer«). Deren falsche Versprechen entfalten aber eigene Kraft und wenn die *vox populi* sich dreht, verkehrt sich der gute Wille schnell ins Gegenteil. Wer heute »Ossi-Abgabe« googelt, wird jedenfalls verlässlich zum Wikipedia-Eintrag »Solidaritätszuschlag« manövriert. Und auch angesichts der deutlich abgesetzten Wahlergebnisse in den nicht mehr neuen Bundesländern wäre jede mit einem Ostdeutschlandmakel stigmatisierte finanzpolitische Reaktion auf ein negatives Urteil aus Karlsruhe wohl hässlich geworden.

Eine andere Entscheidung, kurzum, hätte die Sache darum nicht nur haushalterisch verkompliziert, sondern die nach Karlsruhe getragene Skepsis in die weite Bevölkerung hinein verbreitet, an einigungspolitischen Wunden gekratzt und die laufenden Koalitionsverhandlungen wohl zusätzlich belastet. Die kommende Koalition konnte sich nicht zuletzt deshalb glücklich schätzen, weil ihr programmatischer Zielkonflikt zwischen progressiver Belastung und Haushaltsentlastung einerseits, Sozialleistungsrückbau und Unternehmensentlastung andererseits nun um immerhin diese Baustelle ärmer geworden war.

Die Eleganz des Sondervotums

Was leistet nun Wallrabensteins Sondervotum? In der Tradition abweichender Meinungen liefert es zunächst einmal Vorratsargumente für gesetzgeberische Gestaltung und spätere Urteile. Dass es die Gesamtentscheidung in der Sache mitträgt, ist verständlich, insofern das Gericht die »Einschätzungsprärogative« (mündliche Verkündung) des Gesetzgebers beim Ermessen und Gestalten der Ergänzungsabgabe bekräftigt. Weder wurde der Verfassungsbeschwerde wegen etwaiger Ungleichbehandlung seit 2021 durch Sozialstaffelung stattgegeben noch sei ein »evidenter« Fortfall des Sonderfinanzierungszwecks derzeit feststellbar. Wallrabensteins Anliegen der Berücksichtigung des Sozialstaatsprinzips sind ebenso vom Urteil gedeckt wie ihre Bedenken gegen eine allzu aktive Revitalisierung des »Halbteilungsgrundsatzes«.

Das Sondervotum unterstellt anderes auch nicht. Es richtet sich aber gegen die Selbstermächtigung des Gerichts zur zukünftigen Kontrolle von Staatseinnahmen auf Grundlage buchhalterischer Rechenschaftskriterien. Denn der im Urteil vordergründig einmal mehr ausgetriebene Geist des längst kassierten Halbteilungsgrundsatzes wird durch eine dahingehend selbstwidersprüchliche Urteilsbegründung wiederbelebt. Unter Berufung auf die Forsthoff-Tradition verdeutlicht Wallrabenstein dies anhand eines anderen Sondervotums, mit dem Ernst-Wolfgang Böckenförde sich 1995 gegen eine durch Steuerverschonung konstitutionalisierte Vermögensprivilegierung ausgesprochen hatte.[20] Wider eine tendenziell libertäre Steuerstaatsdeutung lieferte Böckenförde Vorratsargumente, die es heute vielleicht mehr denn je braucht. Denn eine Privilegierung, so Böckenförde damals, drohe mit Karlsruher Hilfe intensiviert zu werden, wenn ausgerechnet – mittlerweile obendrein immer weniger und reichere – Vermögens- und Wirtschaftseliten Steuern als das faktisch einzige Finanzmedium für aktive Umverteilung in der Bundesrepublik noch weiter depotenzieren dürfen.

Das ist die Stoßkraft des neuen Sondervotums. Es moniert die »einseitige« Anlage einer Entscheidung, die für die Zukunft ankündigt, dass sie sich zwischen den in Artikel 14 des Grundgesetzes angelegten »Pole[n]« Privatnützigkeit und Sozialbindung auf der Seite der Privatnützigkeit positioniere. Denn das Gericht »konstruiere« einen von Interessierten leicht aktivierbaren »Kontrollanspruch« darüber, »ob vom Gesetzgeber angeführte Finanzbedarfe« überhaupt »(fort)bestehen« und ob das Steueraufkommen diesem Bedarfsplan entspricht oder nicht. Diese Mahnung richtet sich wohl nicht zuletzt gegen eine vor zwei Jahrzehnten im selben Geist versuchte Diskussion über Gebühren- statt Steuerstaatlichkeit.[21] Die hatte man zwischenzeitlich erfolgreich abgeräumt geglaubt. Doch scheint das Bestellerprinzip reziproken Gebens und Nehmens durch die Hintertür zurückzukehren, wenn Steuerpflichtige einen Leistungsnachweis des Bundes geltend machen können.

Allein die extreme Dichte, mit der Urteil und Urteilsverkündung das heikle Modewort der »Evidenz« bemühen, um der geforderten Nachweispflicht des Haushaltsgesetzgebers öffentlich Nachdruck zu verleihen, lässt erahnen, welch positivistisches Glaubensbekenntnis die Senatsverhandlungen durchwirkte. Eine dagegen »freiheitssichernde Korrektur« der Eigentums- und Vermögensverhältnisse durch Besteuerung und steuerpolitische Gestaltung verortet Wallrabenstein beim Gesetzgeber und nicht beim Gericht. Sie ist nicht bereit, die finanzpolitische Gestaltung dem Belieben einzelner Steuerschuldner mittels Verfassungsbeschwerde anheimzustellen. Denn würde ausgerechnet »die Erhebung derjenigen Steuer« eingeschränkt, »mit der der Bundesgesetzgeber eine kontinuierliche Umverteilungswirkung erzielen kann, ohne hierfür auf die Zustimmung des Bundesrates angewiesen zu sein«, dann wäre der Bundestag in seinen Budgetentscheidungen »nicht nur allen Bürgerinnen und Bürgern gegenüber demokratisch« verantwortlich, sondern

---

20 Vgl. Ernst-Wolfgang Böckenfördes abweichende Meinung BVerfGE 93, 121: https://www.servat.unibe.ch/dfr/bv093121.html

21 Vgl. Ute Sacksofsky / Joachim Wieland (Hrsg.), *Vom Steuerstaat zum Gebührenstaat.* Baden-Baden: Nomos 2000; Jan Rehmann / Thomas Wagner (Hrsg.), *»Angriff der Leistungsträger?« Das Buch zur Sloterdijk-Debatte.* Hamburg: Argument 2010.

»zusätzlich [...] nun speziell denjenigen, deren Eigentum er durch eine Ergänzungsabgabe belastet, nochmals rechenschaftspflichtig«.

So wahrt das neue Sondervotum elegant die Balance zwischen dem relativ kleinen Budgetposten Solidaritätszuschlag einerseits und der womöglich großen Bedeutung subtiler Seitenpfade der Urteilsbegründung andererseits. Dass diese verteilungs- und demokratiepolitische Sorge, die per Urteilsbegründung geschaffene Evidenzqualifikation untermine das Sozialstaats-, Demokratie- und Gewaltenteilungsprinzip, ausgerechnet am Fall des Solidaritätszuschlags zum Tragen kommt, ist dennoch mehr als eine semantische Ironie. Schließlich war nicht das Interesse an einer Gerechtigkeit und Gleichheit korrektiv stützenden Steuerpolitik ursächlich für seine Einführung. Vielmehr galt es damals, eine materielle Grundlage für die Norm tendenziell gleichwertiger Lebens-, Selbstverwirklichungs- und demokratischer Teilhabechancen überhaupt erst herzustellen.

Ausmaß und Gründe der verfestigten Frustration über die deutsch-deutschen Realisierungsgrade dieses Ideals müssen hier nicht Thema sein.[22] Ihre ökonomischen Faktoren und (anti)demokratischen Regressionseffekte sind bekannt.[23] Mit dafür eindrücklicher Sensibilität lässt das Sondervotum anklingen, dass die der Urteilsbegründung zugrundeliegende maßstäbliche Reduzierung des Ideals auf fixe Zahlen weder programmatische noch juristische Objektivität genießt. Immerhin könnte der Souverän den Gestaltungsrahmen des Vereinigungs- und Angleichungsideals erweitern wollen. Stattdessen aber verpflichtet uns Karlsruhe zu einem Preisschild und gibt sogar an, wann der Produktionsplan Deutsche Einheit erfüllt sei.

Fiskalischer Konstitutionalismus

Warum, wie und ob der Gesetzgeber gegensteuern will, kann oder sollte, ist hier nicht zu betrachten. Das Urteil ist nun in der Welt und wird konkrete Wirkungen entfalten. Es fügt sich aber in zwei allgemeinere Phänomene ein, die mir abschließend bedenkenswert erscheinen.

Erstens in einen Trend, der partikularistischen Akteuren haushaltswirksame Willkürmacht zubilligt. Auch die Karlsruher Entscheidung liefert einen quasi individualistischen Baustein für das Syndrom eines fiskalischen Konstitutionalismus,[24] das allerlei Spezialinteressen gegen parlamentarische Finanzhoheit imprägniert und verheerend gegen demokratische Normal

---

22 Vgl. Tobias Adler-Bartels, *Nach der Ko(h)lonisation*. In: *Merkur*, Nr. 910, März 2025.

23 Vgl. Till Hilmar, *Ökonomische Opfer im Osten?* In: *Merkur*, Nr. 910, März 2025.

24 Vgl. Manow / Huhnholz, *Fiskalischer Konstitutionalismus*.

haushaltsplanung wirkt. Dieses Phänomen exemplifiziert sich an der von Wallrabenstein befürchteten »verfassungsrechtliche[n] Unsicherheit mit der Folge, dass der Gesetzgeber in Zukunft« auf das bundespolitisch und demokratisch-gleichheitspolitisch beziehungsweise sozialstaatsprinzipiell attraktive Instrument der Ergänzungsabgaben verzichten könnte.

Gewiss scheint das Urteil bloß der allenthalben um sich greifenden Kreativität bei der Erfindung und Bewältigung großer Finanzierungsnöte kleine Grenzen aufzuzeigen. Gleichwohl muss der Eindruck entstehen, dass im Nebel der so krisenreichen Bundes- und Weltsonderlage auch Karlsruhe ein Gelegenheitsfenster ausnutzte.

Immerhin gewinnen doch seit geraumer Zeit immer mehr suprastaatliche, substaatliche und gewaltenteilige Akteure und *pressure groups* Mitsprache über nationalstaatliche Fiskalspielräume. Mit der globalen Transformation staatlicher Finanzierungsinstrumente hat das sehr wohl zu tun. Ob Geld- und Zentralbankpolitik, ob Finanzialisierung der Sozialversicherungs-, Wohnungs- und Emissionsmärkte, ob der gewaltig anziehende Einstieg in finanzmarktaktive Staatsfonds und vieles andere mehr – mit den nostalgischen Steuerstaatsroutinen unseres Finanzverfassungsdenkens lässt sich das kaum zur Deckung bringen. Dass sich der verfassungskreative Gebrauch und verfassungswidrige Missbrauch von Ausnahmeschuldenspielräumen häufen, wundert nicht.[25] Umso mehr nur steht jede eigenmächtige Reservierung von exklusiven Zugriffs- oder definitiven Kontrollrechten jeder Art im Verdacht, Angemessenheit und Tradition zu simulieren, tatsächlich aber den Ausnahmecharakter der Lage sehr wohl zu durchschauen und sich in den entsprechenden Rückzugsgefechten neu aufzustellen.

Die jüngsten anderen Funktionalisierungen der deutschen Finanzverfassung und deren Schleifung stachen angesichts ihrer Eile und der infrage stehenden Volumina gewiss hervor (Trump-II-Administration, Nato-Implosion, Bundestagsaustausch und vorzufüllende Konsenskasse für eine Notkoalition). Doch stehen auch sie in einer regelrechten Tradition »rapider Politikwechsel«.[26] Sie gehen mit – in der Summe routinepanischen – Begründungsmustern einher, die auf irgendwie exzeptionelle und darum irgendwann vorübergehende Mehr-, Sonder- und immerzu Spezialbedarfe verweisen. Auch darum ist die gepflegte Verschleierung der Politischen Ökonomie der deutschen Finanzverfassung und ihrer strukturellen Profiteure exakt seit

---

25 Zuletzt der Haushalt des Bundeslandes Schleswig-Holstein (https://www.ndr.de/nachrichten/ schleswig-holstein/Urteil-Haushalt-2024-in-SH-verfassungswidrig,haushaltsklage106.html).

26 Friedbert W. Rüb (Hrsg.), *Rapide Politikwechsel. Theoretischer Rahmen und empirische Befunde.* Baden-Baden: Nomos 2014.

Einführung der »Schuldenbremse« immer stärker einem Ad-hoc-Exzeptio-
nalismus im »taktische[n] Spiel mit« den parlamentarischen und fiskalischen
»Verfassungsebenen« gewichen,[27] den das demokratisch implosive Interreg-
num zwischen 20. und 21. Bundestag zufällig sichtbarer denn je werden ließ.

Die entsprechenden Signale jedenfalls, wie man trotz vermeintlich restrik-
tiver Staatshaushalte Brüche, Exzesse und »Whatever it takes«-Freibriefe begründet und finanziert, wurden politisch gesetzt. Sie werden sehr wohl gehört,
weshalb Notfälle und nicht zuletzt der Ruf nach ihnen adäquaten Sondervermögen und ähnlichem wie Pilze aus dem Boden schießen und das politische
Normalvermögen immer weiter reduzieren. Von der Finanzkrise über Flut-
hilfen bis zu Corona jedenfalls sind auch in Deutschland diverse Ausnahme-
wege längst normalisiert worden. Diese serielle Atem- und Prinzipienlosigkeit
zahlt wohl direkt auf das Konto eines Populismus ein, der die Sehnsucht nach
einem heilen Gestern profitabel zu bewirtschaften weiß.

Will man die vordergründige Geringfügigkeit der Karlsruher Entscheidung
und Wallrabensteins abweichende Meinung an diesem Befund spiegeln, gehören Ergänzungsabgaben und Sondervotum mit der Politischen Ökonomie
von »Sondervermögen« bis »Schuldenbremse« zusammengedacht. Das freilich würde eine noch schonungslosere Bestandsaufnahme des Status quo
erfordern, als es eine mantraartige Berufung auf das bundesrepublikanische
Steuerstaatsprinzip leisten kann.

---

27 Florian Meinel im Gespräch mit Maxim Bönnemann, »*Das ist gespenstisches Verfassungs-*
recht«.

Alexander Blankenagel
Feinde des Volkes und Nomenklatur – die Untoten der UdSSR

Im Jahr 2005 bezeichnete Putin den Zusammenbruch der UdSSR als die größte geopolitische Katastrophe des 20. Jahrhunderts. Aber die UdSSR ist nicht wirklich untergegangen; ihre Untoten leben weiter. Unter Stalin galt, wer auch immer in der Sowjetunion gerade bekämpft, verfolgt oder hingerichtet wurde, als »Feind des Volkes«. Diejenigen Volksfeinde, die ihre Strafe in den Lagern überlebt und abgesessen hatten, erwartete nach ihrer Freilassung eine Fortsetzung der staatlichen Diskriminierung bei der Wahl des Wohnortes, dem Zugang zu einer Wohnung, dem Finden eines Arbeitsplatzes sowie dem Zugang zu Bildung und Kultur. Man mied den Kontakt mit ihnen, sei es aus Angst vor staatlichen Repressionen, sei es aus politischer Überzeugung. Selbst nach ihrer Rückkehr in die Gesellschaft waren die Feinde des Volkes quasi Unberührbare, weshalb viele nach Verbüßung der Lagerhaft lieber gleich dort blieben, wo sie inhaftiert gewesen waren: In der Stadt Kolyma etwa, der weißen Hölle, wohnten vor allem ehemalige Lagerhäftlinge.

Auch im heutigen Russland gibt es Feinde des Volkes: die ausländischen Agenten. Als Wladimir Putin 2012 seine Rückkehr auf den Präsidentenposten vorbereitete, waren erhebliche Teile der Bevölkerung damit nicht einverstanden. In Moskau, Sankt Petersburg und anderen größeren Städten gab es regelrechte Massendemonstrationen. Da aber nicht sein konnte, was nicht sein durfte, mussten diese Demonstrationen vom Ausland organisiert worden sein, genauer gesagt vom CIA und seinen willigen Helfern. Das war die Geburtsstunde des Gesetzes, das Mitarbeitern von NGOs, die zum Teil oder ganz durch ausländische Geldgeber finanziert wurden und sich politisch betätigten, den Status »ausländischer Agenten« zusprach, der bei der Veröffentlichung und Verbreitung von Materialien der jeweiligen Organisation ausdrücklich offengelegt werden musste.

Von heute aus betrachtet war das eine zwar unangenehme, aber immerhin die Vereinigungsfreiheit noch nicht allzu sehr einschränkende Regelung. Seit Juli 2022 gibt es hingegen ein deutlich schärferes Gesetz zur »Kontrolle der Tätigkeit von Personen, die sich unter ausländischem Einfluss befinden«. Als ausländische Agenten registriert werden können jetzt unabhängig von der Staatsangehörigkeit natürliche Personen sowie rechtsfähige und nicht rechtsfähige Organisationen jeder Art und sonstige personale Zusammenschlüsse, also Massenmedien, nichtstaatliche wissenschaftliche Organisationen oder etwa auch kommerzielle Organisationen wie das einzige unabhängige Meinungsforschungsinstitut »Levada«, das im Rahmen seiner empirischen Arbeit naturgemäß nicht nur systemkonforme Befunde erhebt.

Völlig unbestimmt ist dabei, was unter ausländischem Einfluss zu verstehen ist, ebenso unbestimmt sind auch die in Artikel 4 des Gesetzes geregelten Tätigkeiten, bei denen der Status des ausländischen Agenten offengelegt werden muss. Wenn das dafür zuständige Justizministerium also jemanden aus welchen Gründen auch immer zum ausländischen Agenten erklären möchte, lässt sich das sehr einfach bewerkstelligen. Die Registrierung als ausländischer Agent kann man zwar gerichtlich anfechten. Gegen die ohnehin wenigen erfolgreichen Klagen hat das Justizministeriums bislang aber in aller Regel seinerseits erfolgreich Einspruch eingelegt. Öffentliche Kritik an dem Gesetz gibt es nicht: Die Medien berichten über dessen Anwendung so, als handele es sich um Wettermeldungen.

Für die Betroffenen – Individuen oder auch Organisationen – bedeutet die Registrierung als ausländischer Agent, soweit sie in Russland leben beziehungsweise ihren Sitz haben und dort tätig sind, zunächst wegen der ständigen Hinweispflicht erhebliche Mühe und zugleich soziale Stigmatisierung. In der Konsequenz brechen die sozialen und beruflichen Netzwerke zusammen. Überdies entstehen mit der Registrierung für die Organisationen bürokratische Lasten – beispielsweise die drastische Vervielfachung und Intensivierung der steuerlichen und sonstigen Überprüfungen –, was ihre Tätigkeit ungemein erschwert. Die Nichterfüllung der besonderen Transparenzpflichten ist als Ordnungswidrigkeit und im Falle einer zweifachen Wiederholung als Straftat sanktioniert. Eine strafrechtliche Verfolgung aus diesem Grund ist nicht selten und stört sich nicht am Fehlen einer realistischen Chance der Durchsetzung: Viele der Betroffenen leben mittlerweile im Ausland. Der Status des ausländischen Agenten scheint dabei Ewigkeitscharakter zu haben. Gegen den Systemkritiker Ilya Jaschin, der Anfang August 2024 im Rahmen eines großen Häftlingsaustauschs in den Westen kam und jetzt in Berlin lebt, wurde im Januar 2025 in Moskau ein neues Strafverfahren wegen Nichterfüllung der Transparenzpflichten eines ausländischen Agenten eingeleitet.

Der Duma (und den hinter ihr stehenden Institutionen) hat aber auch diese Neuregelung im Jahr 2022 noch nicht gereicht. Sie hat das Gesetz in der Folge mehrfach nachgeschärft. In Veröffentlichungen von Organisationen, die zu ausländischen Agenten erklärt worden sind, darf nun keine Werbung mehr platziert werden, was die Möglichkeit der Finanzierung der Organisationen (und der hinter ihnen stehenden natürlichen Personen) stark einschränkt; nach einer Meldung der Zeitung *Vedomosti* vom Februar 2025 ist das Werbeaufkommen mittlerweile praktisch auf Null gesunken.

Gedreht wurde auch an der Wahlgesetzgebung. Eine Änderung vom Sommer 2024 entzieht ausländischen Agenten das passive Wahlrecht. Selbst Abgeordnete der Duma, der Parlamente der Gliedstaaten sowie der munizipalen Vertretungskörperschaften und auch die Mitglieder des Föderationsrates, der neuerdings Senat genannt wird, verlieren ihre Mandate beziehungsweise die Mitgliedschaft, wenn sie zu ausländischen Agenten erklärt werden. Das ist, zugegeben, sehr praktisch: Jetzt muss man nicht mehr mühsam die Unterschriftenlisten der Kandidaten mit graphologischen Gutachten (so geschehen bei der Moskauer Regionalwahl 2019) auf »Fälschungen« durchforsten, sondern kann dem Justizministerium, das das Register der ausländischen Agenten führt, eine kleine Anregung geben, wen man gerne von den Kandidatenlisten gestrichen hätte; das Gleiche gilt für missliebige Mandatsinhaber in Vertretungskörperschaften.

Ausländischen Agenten ist weiter jegliche unterrichtende oder aufklärende Tätigkeit verboten. Sie sind generell vom Erhalt irgendwelcher staatlicher Unterstützung ausgeschlossen; das gilt auch für kreative Tätigkeiten. Auch der Präsident hat in eigener Person sein Scherflein zur Diskriminierung der Betroffenen beigetragen: Nach einem präsidialen Ukas können ausländische Agenten nicht Teil der sogenannten Kaderreserve sein, also nicht im (zum Teil sehr lukrativen) Staatsdienst beschäftigt werden; werden sie zu ausländischen Agenten erklärt, müssen sie aus diesem entfernt werden. Dass außerdem die Geldbußen und Strafen für die Nichterfüllung der die ausländischen Agenten treffenden unterschiedlichen Pflichten verschärft wurden (zuletzt Anfang 2025), versteht sich von selbst. Bei wiederholter Nichterfüllung dieser Pflichten – in der Sache sind es zumeist die Transparenzpflichten – hat man dann einen bequemen Grund, die jeweilige Person in Haft zu nehmen, und so genügend Zeit, eine schwerwiegendere Straftat mit einem höheren Strafrahmen zu finden.

Auch das Problem, wie man den im Ausland lebenden ausländischen Agenten, in diesem Fall zumeist den natürlichen Personen, das Leben erschweren könne, wurde im Jahr 2024 durch eine Ergänzung des Gesetzes gelöst, die vorsieht, dass deren Einnahmen in Russland auf speziellen »Zwangskonten« eingefroren werden. Die ausländischen Agenten haben erst dann wieder Zugriff auf diese Konten und damit auf ihre in Russland angefallenen Honorare, wenn der Status des ausländischen Agenten gelöscht ist – was nach bisherigen Erfahrungen so gut wie nie passiert. Seit März 2025 sind die Banken durch eine weitere Rechtsänderung verpflichtet, dem Justizministerium eine Reihe von Informationen zu den speziellen Konten innerhalb von drei Tagen nach deren Eröffnung zu übermitteln; sie haben das (angenehme) Recht, von den speziellen Konten Bearbeitungsgebühren ohne die sonst nach russischem Recht nötige Zustimmung des Kontoinhabers abzubuchen.

Zunächst betraf diese Regelung nur Einkünfte aus geistiger Arbeit oder geistigem Eigentum. Der Duma-Vorsitzende Wolodin hatte aber bereits 2024 eine weitere Verschärfung angekündigt und zwar dahingehend, dass das Gesetz jegliche Einkünfte ausländischer Agenten in Russland umfasst, also etwa auch aus Vermietung und Verkauf von Immobilien oder Kapitaleinkünften von Bankdepots. Das hat die Duma dann, gehorsam wie sie ist, im Dezember 2024 verabschiedet. Selbiger Wolodin hat dann noch die Frage aufgeworfen, ob die ständig im Ausland lebenden ausländischen Agenten, also die Kontoinhaber, die Russische Föderation dort kritisiert hätten oder nicht: Vermutlich sollen in diesem Fall künftig die in Russland befindlichen Gelder und das sonstige Eigentum konfisziert werden können.

Nach der Möglichkeit einer schmerzhaften »Nebenstrafe« durch Zugriff auf das Eigentum sucht man schon länger und behilft sich mal so, mal so. Bei dem Rapper Alisher Morgenshtern hat das Gericht im Rahmen eines im September 2024 eröffneten Verfahrens wegen wiederholter Nichterfüllung der Verpflichtungen eines ausländischen Agenten dessen vier Immobilien mit einem dinglichen Arrest belegt. Rechtsgrundlage und Begründung sind unklar. Die Höchststrafe für das Morgenshtern vorgeworfene Delikt beträgt zwei Jahre Freiheitsentzug; da erscheint der dingliche Arrest von vier Immobilien eher unverhältnismäßig. Ein andere Variante des Zugriffs auf das Eigentum ausländischer Agenten ergibt sich im häufigen Fall der Zusammenarbeit mit unerwünschten Organisationen: Dann kann das Eigentum als *Instrumentum sceleris*, als Werkzeug des Verbrechens, eingezogen werden. Der Gesetzgeber hat diesen Tatbestand geschickt so gefasst, dass auch Eigentum, das für die Zusammenarbeit mit einer unerwünschten Organisation bestimmt ist, der Konfiszierung unterliegt.

Diese Regelung hat, wie nicht anders zu erwarten, zu einer Welle von Eigentumsübertragungen auf Verwandte oder Freunde per Schenkung geführt. Sicher ist auch das nicht, wie der Fall des kritischen Journalisten Alexander Newsorow und seiner Frau Lydia Newsorowa zeigt. Beide leben seit Beginn des Krieges nicht mehr in Russland; dort befinden sich allerdings noch ihre Immobilien. Ein Gericht in Sankt Petersburg hat jetzt einen dinglichen Arrest für die Wohnung der beiden, die einer Verwandten übereignet worden war, verhängt, und die Staatsanwaltschaft von Sankt Petersburg forderte, auf welcher Rechtsgrundlage auch immer, das Eigentum an dieser Wohnung auf den Staat zu übertragen. Das ist im Dezember 2024 durch Gerichtsentscheid geschehen.

Laut *Vedomosti* waren im Februar 2025 knapp eintausend Personen als ausländische Agenten registriert, darunter, wie nicht anders zu erwarten, Bürger, die den Angriff auf die Ukraine kritisiert hatten. Die Liste liest sich wie ein *Who Is Who* der russischen kritischen Intelligenzija. Zu ausländischen Agenten erklärt wurden etwa die Schriftstellerin Ljudmila Ulizkaja, die Schriftsteller Boris Akunin und Dmitri Gluchowski, der Kulturwissenschaftler Alexander Etkind, der Soziologe Wladislaw Inosemzew, die Verfassungsrechtlerin Jelena Lukjanowa und der Verfassungsrechtler Grigorij Vajpan sowie der Menschenrechtler Oleg Orlow, die Journalistin Katerina Gordejewa und der Journalist Jewgeni Kisseljow (nicht zu verwechseln mit dem fanatischen Putin-Verehrer Dmitri Kisseljow), die Künstler Anatoli Osmolowki und Katerina Margolis, der Pianist Jewgeni Kissin und die Opernsängerin Marija Maksakowa, die Popsängerinnen Alla Pugatschowa und Jelisaweta Gyrdymowa (alias Monetotschka), die Komiker Denis Chushoy und Maxim Galkin.

Zu ausländischen Agenten erklärt wurden auch ehemalige Mitglieder der politischen Eliten wie Michail Kassjanow, Finanzminister und dann Ministerpräsident unter Putin von 2000 bis 2004, sowie bekannte Oppositionspolitiker wie Genadij Gudkow. Nicht einmal hohe kirchliche Ämter und berühmte Väter wie im Fall von Grigori Michnow-Woitenko, Episkop und Sohn des berühmten (anti)sowjetischen Barden Aleksander Galitsch, schützen vor der Erklärung zum ausländischen Agenten. Vielleicht war aber auch der berühmte Vorfahre eine Hypothek; man denke an dessen wunderbares Lied, wonach Schweigen Gold ist, weswegen die vielen Schweiger alle ganz reich werden. Außerdem hatte ja schon die UdSSR Probleme mit ihren Nobelpreisträgern, jedenfalls soweit es sich um solche außerhalb der weltanschaulich unverdächtigen und pragmatisch notwendigen Naturwissenschaften handelte. Russland folgt dieser Tradition: Auch der Friedensnobelpreisträger und Chefredakteur der (mittlerweile aus Russland vertriebenen) unabhängigen Zeitung *Nowaja Gaseta*, jetzt im Exil *Novaja Gazeta Europe*, Dmitri Muratow, wurde Anfang September 2023 zum ausländischen Agenten erklärt.

Für viele Betroffene bedeutet die Registrierung als ausländischer Agent den Auftakt zu einer »kriminellen« Karriere. Denn häufig werden sie nach der Aufnahme in die Liste auch als Extremisten oder Terroristen registriert; die Reihenfolge der Registrierung kann aber ebenso umgekehrt erfolgen. Während für die Registrierung ausländischer Agenten das Justizministerium zuständig ist, fallen Extremisten und Terroristen in das Ressort des Föderalen Finanzüberwachungsdiensts, dessen Maßnahmen praktisch keiner gerichtlichen Kontrolle unterliegen. Eine unmittelbare Konsequenz einer Klassifikation als Extremist oder Terrorist besteht darin, dass die Bankkonten der betreffenden Person umgehend blockiert und die monatlichen Ausgaben auf 10 000 Rubel (etwa 100 Euro) beschränkt werden; das ist auch für russische Verhältnisse sehr wenig. Zu den gesetzlich geregelten Beschränkungen kommt, wie bei den ausländischen Agenten, die gesellschaftliche Diskriminierung. Der Arbeitsplatz wird gekündigt, einen neuen zu finden ist unmöglich. Von Betroffenen und Kritikern der Regelung ist die Registrierung als Extremist oder Terrorist als »bürgerlicher Tod« bezeichnet worden.

Auch auf diesem Feld werden im Rahmen der laufenden gesetzgeberischen Arbeit der Duma die Tatbestände stetig erweitert und vervollkommnet. Im September 2023 etwa kam mit einer Erhöhung des Strafrahmens die »Rechtfertigung und Propaganda des Extremismus« als Tatbestand hinzu. Seit Ende 2024 kann als Extremist eingestuft werden, wer bewusst Falschinformationen über die Tätigkeit der Armee verbreitet; damit ist ein schöner Stichweg zu den bei Staatsanwaltschaften und Gerichten gleichermaßen populären Strafmöglichkeiten wegen Diskreditierung der Armee eröffnet. Schließlich ist auch der zu nachlässige Kampf gegen den Extremismus durch Beamte neuerdings als Ordnungswidrigkeit sanktioniert.

Für eine sehr praktische Ausweitung des Extremismus-Tatbestands sorgte das Oberste Gericht der Russischen Föderation: Es erklärte Ende 2023 die bis dahin niemandem bekannte »Internationale LBGT-Organisation« zu einer extremistischen Organisation, womit sich eine neue Zielgruppe für den Finanzüberwachungsdienst eröffnet. Sollte der Tatbestand des Extremismus einmal nicht passen, weicht die Gerichtspraxis auf andere Möglichkeiten wie etwa das Verbot der Wiederbelebung des Nazismus aus. Im Dezember 2024 schließlich erließ der Präsident einen Ukas zur »Strategie gegen den Extremismus«, der ein entsprechendes Papier des Innenministeriums bestätigte. Als eine der Quellen des Extremismus wird dabei die Ukraine genannt, eine der schlimmsten Bedrohungen Russlands, die von dem dort sehr verbreiteten Neonazismus besonders auch bewaffneter Gruppen ausgehe (von denen es in der Tat einige gibt, wie auch in Russland). Aber vielleicht war der Präsident hier noch etwas zu zurückhaltend. Patriarch Kyrill, das Oberhaupt der russisch-orthodoxen Kirche, hat kürzlich dazu aufgerufen, den Satanismus zur extremistischen Bewegung zu erklären und zu verbieten; denn Satanisten träten die Werte mit Füßen, für die die Soldaten in der (von Kyrill rückhaltlos unterstützten) speziellen militärischen Operation stürben.

Auch bei den als Extremisten oder Terroristen registrierten Personen finden sich viele bekannte Namen von mittlerweile Oppositionellen; die biografischen Hinweise erwähnen häufig staatliche Auszeichnungen für Tätigkeiten in Kultur, Wissenschaft und Politik und zeigen die allmähliche Entfremdung zwischen den Betroffenen und dem politischen System in dem Maß, in dem dieses immer autoritärer und repressiver wurde. Als Extremisten registriert sind, das ist nicht überraschend, die wesentlichen Mitarbeiter von Alexej Nawalny, vor allem die seiner »Stiftung für den Kampf gegen die Korruption«

sowie seine Mitarbeiter in den Regionen und neun seiner Anwälte. Weitere Beispiele: Als Extremisten registriert sind, neben der häufig parallelen Registrierung als ausländischer Agent, etwa Politiker wie Ilja Ponomarjow, Lew Gudkow, Garri Kasparow, Journalisten wie Tatjana Lasarewa und Jewgeni Kisseljow, Schauspielerinnen und Künstler wie Jana Trojanowa, Eduard Sharlot und Andrei Panin. Die Registrierung als Extremist kann aber auch einen »Guten« treffen, wenn dieser zu kritisch wird, wie Igor Girkin (alias Strelkow), den ultranationalistischen Anführer der Separatisten im Donbass und später schonungslosen Kritiker der ineffizienten Kriegsführung. Nach einer Analyse der Internetplattform *Verstka* waren Ende 2024 nach dem aus dem Jahr 2006 stammenden Gesetz 16 000 Personen und 600 Organisationen als extremistisch und terroristisch registriert; die Zahlen wachsen und haben sich etwa im Jahr 2024 gegenüber 2023 fast verdoppelt (3152 gegenüber 1828).

Die Strafen sind drakonisch. Xenia Fadejewa, eine Mitarbeiterin Nawalnys aus Tomsk, wurde zu neun Jahren Gefängnis verurteilt; im August 2024 war sie Teil des Gefangenenaustauschs rund um Wadim Krassikow. Ein extremer Fall ist der der Dramaturgin Schenja Berkowitsch und der Theaterregisseurin Swetlana Petrijtschuk, die ein Stück über Frauen inszenierten, die sich aufgrund von Online-Interviews entscheiden, Angehörige des IS zu heiraten und dann vom IS rekrutiert werden. Das Stück war ohne Beanstandung fast zwei Jahre lang gelaufen und hatte sogar Preise bekommen. Nach der Denunziation durch einen (rechtsnationalistischen) Schauspielerkollegen wurden Berkowitsch und Petrijtschuk im Juli 2024 vom Berufungsgericht wegen Rechtfertigung des Terrorismus zu fünf Jahren und sieben beziehungsweise zehn Monaten Gefängnis verurteilt; das Strafmaß der ersten Instanz war noch höher ausgefallen. Drei der Anwälte Nawalnys wurden bisher verurteilt, zu Haftstrafen zwischen dreieinhalb und fünfeinhalb Jahren: anwaltliche Vertretung als Unterstützung einer extremistischen Organisation. Girkin / Strelkow, der Held des Donbass, bekam immerhin nur vier Jahre Haft.

Die neue Nomenklatur und die Alleserlaubtheit

Die 1990er Jahre, gegen die Putin und seine Entourage ständig polemisieren, waren in der Tat chaotisch. Die wenigsten Russen kamen mit den wirtschaftlichen Umwälzungen zurecht. Aber auch die plötzlich, wie es schien, so unbegrenzt verfügbare, in vielen Fällen durchaus zweifelhaft genutzte Freiheit war für viele ein Schock. Ich erinnere mich noch, wie mein Freund Leonid, geachtetes und einflussreiches Mitglied der Verfassungskommission und ursprünglich ein leidenschaftlicher Kämpfer für die grundrechtlichen Freiheiten, sich nach einigen Jahren mir gegenüber beschwerte: So sei das ja nun nicht gemeint gewesen mit den Freiheiten, dass man nun unter Verletzung aller moralischen Prinzipien alles einfach so machen dürfe. In jenen wilden neunziger Jahren wurde für den (vermeintlich) überbordenden Freiheitsgebrauch der Begriff der »Alleserlaubtheit« geprägt. Diese Alleserlaubtheit gibt es nicht mehr; aber es gibt in Putins Russland eine andere, freilich eine nur für seine Geheimdiensteliten und Milliardärskumpel.

Nehmen wir als Einstieg und extremes Beispiel die Sache mit Adam Kadyrow, dem fünfzehnjährigen Sohn von Ramsan Kadyrow, dem diktatorisch herrschenden Präsidenten der Teilrepublik Tschetschenien. Adam Kadyrow hatte den neunzehnjährigen Untersuchungshäftling Nikita Schurawel, der wegen einer Koranverbrennung strafrechtlich verfolgt wurde, im Gefängnis zusammengeschlagen; ein Video dieser Heldentat ging viral. Schurawel war ursprünglich in Wolgograd in Haft gewesen, aber dann, verschlungenen Pfaden des russischen Strafprozessrechts oder wahrscheinlich eher persönlichen Beziehungen unter Staatsanwälten folgend, nach Tschetschenien ausgeliefert worden. Nur deshalb hatte Adam Kadyrow Zugriff auf ihn. Schurawel war zunächst wegen der Koranverbrennung zu dreieinhalb Jahren Haft verurteilt worden; seit der etwas überraschenden Verurteilung zu strenger Lagerhaft wegen Landesverrats im November 2024 beträgt seine Gesamtstrafe nun vierzehn Jahre. Adam Kadyrow hingegen wurde für seine Tat mit einer ganzen Reihe von Orden ausgezeichnet, nicht nur tschetschenischen, sondern auch mit Orden anderer islamischer Teilrepubliken bis hin zur eher laizistischen Republik Tatarstan. Parallel dazu wurde er zum Leiter des Sicherheitsdiensts des tschetschenischen Präsidenten, also seines Vaters, ernannt und als jüngster Direktor eines regionalen Sicherheitsdiensts in das russische Buch der Rekorde aufgenommen. Anlässlich eines Moskau-Besuchs kam es sogar zu einem durch ein offizielles Foto dokumentierten Treffen mit Putin, der seine Präsidentschaft seinerzeit mit dem Versprechen angetreten hatte, er werde die »Diktatur der Gesetze« durchsetzen.

Unübersehbar ist die Schamlosigkeit der Herrschenden und vor allem Putins auch bei Ordensverleihungen und Ehrungen, einer der Währungen, mit denen Russland seine Bürger »bezahlt«, dabei eine sowjetische Tradition fortsetzend. Putin hat jetzt den Tschetschenen Adam Delimchanow, seit 2007 Abgeordneter der Duma, für seine Verdienste bei der Entwicklung des Parlamentarismus mit dem Orden »Für Verdienste um das Vaterland« der Klasse vier, also der niedrigsten Klasse, geehrt; Held Russlands und Generalmajor der Armee war er schon. Zu seinen Verdiensten um den Parlamentarismus gehört etwa eine Schlägerei im Parlament, wobei ihm eine goldene Pistole aus der Tasche fiel, und auch die öffentlich ausgesprochene Drohung, der Familie eines unliebsamen tschetschenischen Richters den Kopf abzuschneiden.

Ähnlich schamlos war die feierliche Begrüßung des Tiergarten-Mörders Wadim Krassikow nach dem Austausch im August 2024 durch den Präsidenten mit großem Bahnhof; nachdem Nawalny ermordet worden war, sprach ja nichts mehr gegen diesen Austausch und noch viel weniger gegen den feierlichen Empfang.

Der Zynismus der neuen Nomenklatur zeigt sich auch in deren offener Dynastiebildung. Beginnen wir mit den kleinen Sonderrechten: Die Plattform *The Insider* fand heraus, dass Kinder von hohen staatlichen Funktionsträgern, Freunden Putins und FSB-Generälen alle im Besitz von diplomatischen Pässen sind, mit denen sie ungehindert von Sanktionen wohin auch immer, also auch in die westeuropäischen Länder reisen können. Das widerspricht sowohl den völkerrechtlichen Verträgen zur Vergabe diplomatischer Pässe wie auch den einschlägigen innerrussischen Regelungen. Noch schamloser ist die eigentliche Dynastiebildung. Die Kinder der Herrschenden oder andere nahe Verwandte besetzen schon in jugendlichem Alter hohe Positionen in Staat und Wirtschaft, genauer gesagt in den staatlichen und staatlich kontrollierten Teilen der Wirtschaft und auch jenen Teilen der nichtstaatlichen Wirtschaft, denen wohl ein Angebot gemacht worden war, das man nicht ablehnen konnte.

Einige Beispiele: Der Sohn des FSB-Chefs Aleksander Bortnikow, Denis Bortnikow, ist stellvertretender Präsident der VTB-Bank, der wichtigen Außenhandelsbank. Alexej Kosak, Manager des Investmentfonds BTB-Kapital, ist der ältere Sohn des Vizepremierministers (bis 2020) Dmitri Kosak; dessen jüngerer Sohn Alexander war Vorstandsmitglied bei der Credit Suisse. Juri Schamalow, der Sohn Nikolai Schamalows, eines der Gründer der Hausbank der Kreml-Eliten Rossija, ist Vorsitzender von Gazfond, dem Pensionsfond von Gazprom, und stellvertretender Vorstandsvorsitzender der Gazprom-Bank; sein Bruder Kirill Schamalow ist Miteigentümer und früherer stellvertretender Vorstandsvorsitzender der Sibur Holding, des größten russischen Petrochemie-Konzerns, sowie der frühere Ehemann von Katerina Tichonowa, der Tochter Putins. Dmitri Patruschew, Sohn des Putin sehr nahestehenden, kürzlich abgesetzten Sekretärs des Sicherheitsrats Nikolai Patruschew, war Vorstandsvorsitzender der Landwirtschaftsbank Rosselchos, dann ab 2018 Landwirtschaftsminister und ist seit Mai 2024 stellvertretender Ministerpräsident. Sein jüngerer Bruder Andrej Patruschew ist seit 2006 – damals war er fünfundzwanzig Jahre alt – Berater des Vorstandsvorsitzenden von Rosneft, des Putin-Intimus Igor Setschin. Man fragt sich, welche klugen Ratschläge ein Fünfundzwanzigjähriger dem Chef des größten russischen Ölkonzerns geben kann. Boris Kowaltschuk, Sohn des engen Putin-Freunds und Hauptaktionärs der Kreml-Bank Rossija Juri

Kowaltschuk, war bis 2024 Vorstandsvorsitzender des Energieriesen Inter RAO und ist seit Mai 2024 Vorsitzender des Russischen Rechnungshofs. Wladimir Kirijenko, Sohn des stellvertretenden Leiters der Präsidialadministration Sergei Kirijenko, leitet VK, das russische Facebook. Igor Rotenberg, Sohn von Putins Judo-Freund Arkadi Rotenberg, ist einer der Miteigentümer von Platon, dem russischen System der Mauterhebung für Lastwagen auf Fernstraßen. Die Liste der Beispiele ließe sich noch beliebig lange fortsetzen.

Auch bei seinen Familienangehörigen lässt sich Putin nicht lumpen. Seine Tochter Katerina Tichonowa verwaltet als Direktorin zweier Stiftungen das Innovationsprojekt Innopraktika mit einem geschätzten Budget von 1,8 Milliarden US-Dollar; im Rahmen der unter ihrer Leitung durchgeführten Projekte hat jetzt zum Beispiel die Moskauer Universität für ungefähr 300 Millionen US-Dollar einen neuen Supercomputer MGU 250 entwickelt, der konzipiert ist, um eine Reihe von Problemen im Bereich der Künstlichen Intelligenz zu lösen. Die zweite Tochter, Maria Woronzowa, ist Ärztin und hat in einer Reihe von hochkarätigen Projekten mit dem bekannten Endokrinologen Iwan Dedow zusammengearbeitet. Ihr ehemaliger Mann, der Holländer Jorrit Faassen, hatte unterschiedlich hohe Stellungen bei der Gazprom-Bank, bei dem Baukonzern Stroitransgaz sowie dann bei RG-Development, einer Firma der eng mit Putin befreundeten Brüder Arkadi und Boris Rotenberg. Eine entfernte Nichte Putins, Anna Ziwiljowa, geborene Putina, wurde im Sommer 2024 etwas überraschend stellvertretende und kurz darauf gar erste stellvertretende Verteidigungsministerin; sie ist zuständig für die sozialen Belange der Soldaten, immerhin ein Bereich, in dem sie schon vorher tätig war. Igor Putin, ein Cousin, war im Vorstand unterschiedlicher Banken, zuletzt der Russischen Bodenbank, die zum Zeitpunkt seiner Mitgliedschaft im Vorstand in die Operation »Russische Waschmaschine« verwickelt war, nämlich der illegalen Ausfuhr von 700 Milliarden Rubel (etwa 7 Milliarden Euro). Vera Putina, eine Großnichte, war zunächst Mitglied des Vorstands der Ganzakombank und wurde dann, als die russische Zentralbank dieser die Lizenz entzog, Vorstandsmitglied bei der Promswjasbank. Michail Schelomow, ein Großcousin Putins, ist unter anderem zu 8,4 Prozent Anteilseigentümer der Kreml-Bank Rossija und zu 12,4 Prozent am Versicherungskonzern Sogas. Und schließlich: Alina Kabajewa, dem Vernehmen nach die Geliebte Putins und Mutter seiner zwei Söhne, ist mit ihrer Akademie für künstlerische Gymnastik »Himmlische Grazie« regelmäßig im Fernsehen zu sehen.

Es versteht sich, dass auch die Freunde und Kommilitonen Putins nicht leer ausgehen. Irina Podnossowa, eine Studienkollegin, hat es mit einem sehr respektablen Karrieresprung zur Vorsitzenden des Obersten Gerichts der Russischen Föderation geschafft. Das Pensionsalter des Leiters des Föderalen Ermittlungskomitees, Alexander Bastrykin, eines anderen Studienkollegen, wurde wundersamerweise aufgrund einer präsidialen Gesetzesinitiative heraufgesetzt; nach der ursprünglichen gesetzlichen Regelung hätte er 2024 mit siebzig Jahren in Pension gehen müssen. Das sind nur einige wenige Beispiele aus der jüngsten Vergangenheit. Schon vorher zeigte der atemberaubende Aufstieg der Brüder Rotenberg, Freunde aus gemeinsamen Judo-Zeiten, der Mitglieder der Datschen-Gemeinschaft Osero wie etwa Juri Kowaltschuk oder seines Eishockey-Freunds Gennadi Timtschenko zu russischen Milliardären, dass Putin seine Freunde nicht vergisst.

Die »ewige« Ordnung der russischen Gesellschaft hat sich ein weiteres Mal reproduziert. Die neue Nomenklatur unterscheidet sich von der der UdSSR allenfalls durch das Fehlen eines gewissen Schamgefühls. Ihre Mitglieder leben in einer der Gesellschaft entrückten Blase von Macht und Reichtum. Für die Bevölkerung haben sie, ganz in der russischen und sowjetischen Tradition, nur zynische Verachtung. Das Los der Kritiker ist die »Entlarvung« als Feind, ihre soziale Isolation und das maßgeschneiderte Strafrecht: Für meine Freunde alles, für meine Feinde das Recht!

Geb., 440 S., 13 Abb., € 40 | 978-3-86854-402-2

Hamburger Edition

Verlag des Hamburger Instituts für Sozialforschung

Geb., 296 S., € 35 | 978-3-86854-397-1

E-Journal 9 € | 978-3-86854-866-2

Print 14 € | 978-3-86854-781-8

E-Journal 16 € | 978-3-86854-867-9

Print 24 € | 978-3-86854-782-5

Mittelweg 36

Zeitschrift des Hamburger
Instituts für Sozialforschung

Musikkolumne

Hören

Von Tobias Janz

Das erste Viertel des 21. Jahrhunderts hat musikalisch wenig Neues, Profiliertes hervorgebracht. Zu wenig, um von einer Epochenschwelle zu sprechen, die der früherer Jahrhundertwenden vergleichbar wäre. Während das frühe 20. Jahrhundert Schlagworte wie Atonalität, Jazz, Rundfunk, Grammophon, neuer Klassizismus oder Maschinenmusik hinterlassen hat, alle mit lange nachwirkenden Diskontinuitäten verbunden, wird das frühe 21. vielleicht mit einer stillen musikalischen Revolution in Erinnerung bleiben. Still, weil sie sich vor allem im Bereich des Hörens vollzogen hat und weiterhin vollzieht.

Die Statistiken des Deutschen Musikinformationszentrums geben Anhaltspunkte.[1] 2019, vor der Pandemie, hatte der Konzertmusiksektor mit etwas mehr als einem Drittel des Umsatzes eine ökonomisch leicht dominierende Position innerhalb der Musikwirtschaft inne. Weit verbreitet (mit 21 Prozent) und zunehmend beliebt ist das Amateurmusizieren, wenn auch bei ungleicher Alters- und Schichtenverteilung. Eine Präferenz für das Hören von Livemusik lässt sich daraus allerdings nicht ableiten. Das vergleichsweise sehr teure einmalige Konzerterlebnis und das liebevoll betriebene Laienmusizieren

konkurrieren mit einem Tonträgerhören, dessen Attraktivität auf der Mühelosigkeit unbegrenzter Wiederholung beruht, heute im Zusammenspiel tragbarer Abspielgeräte mit einem idealerweise unlimitierten Internetzugriff. Praktisches Musizieren muss sich in einer Musiklandschaft behaupten, deren Normalfall ein ubiquitärer Tonträgerkonsum ist.[2]

Für den Tonträgermarkt belegt die Statistik im selben Zeitraum eine weitgehende Verdrängung der physischen Tonträger durch die nichtphysischen digitalen. Ohne physische Tonträger, von Caruso auf Schellackplatte über die Jukebox und die Studios für elektronische Komposition der 1950er zum Mixtape der 1980er Jahre, wäre das 20. Jahrhundert musikalisch und musikgeschichtlich ein anderes gewesen. Lag ihr Anteil am Umsatz 2003 noch bei 93 Prozent, schrumpfte er 2024 laut einer aktuellen Mitteilung des Bundesverbands Musikindustrie auf 15,9 Prozent. Der der nichtphysischen wuchs von ein Prozent im Jahr 2004 auf 84,1 Prozent. Innerhalb der digitalen Tonträger lag der Anteil des Streamings gegenüber Downloads und sonstigen Formen 2024 bei knapp 93 Prozent.[3] Ein Effekt dieser Verdrängung ist, dass sich die physischen Tonträger in Form einer hochpreisigen audiophilen Vinyl-Kultur heute mit Strategien auf dem

1 miz.org/de

2 Anahid Kassabian, *Ubiquitous Listening. Affect, Attention, and Distributed Subjectivity.* Berkeley: University of California Press 2013.

3 www.musikindustrie.de/presse/ presseinformationen/musikindustrie-in-deutschland-2024

Markt zu behaupten versuchen, die denen ähneln, mit denen sich die auf das singuläre Event ausgerichtete Konzertmusik von der »Konserve« absetzt.

Musik hören heißt heute also vor allem Musik streamen. Von einer Revolution zu sprechen wäre angemessen, wenn der rasante Medienwechsel nicht nur die Organisation des Konsums beträfe, sondern das Hören selbst grundlegend veränderte. Allein der Boom an Arbeiten zum Hören, den die Musikwissenschaft seit einigen Jahren erlebt,[4] deutet darauf hin, dass sich hier tatsächlich etwas verschiebt.

Hörgeschichtlich aufschlussreich ist die Semantik des mittlerweile eingedeutschten Worts »streamen«. Laut aktueller Auflage des Duden bezeichnet es einerseits eine Übertragungstechnologie, andererseits ein durch sie ermöglichtes Ansehen oder -hören von Video- oder Audioinhalten. Es mag spitzfindig erscheinen, diesen Doppelsinn beim Wort zu nehmen, also den Umstand, dass für den Sprachgebrauch Abspielen und Hören beim »Streaming« offenbar in eins fallen, Senden und Empfangen ein und derselbe Vorgang sind, oder es sein können.

Im Unscheinbaren aber verbirgt sich das Neue. Während man Schallplatten, CDs oder Kassetten dinghaft hörte, geht dem Stream dieser materielle, objektifizierende Charakter ab. Noch das Radiohören, wichtigster Vorläufer des Streaming, hatte seine Dinghaftigkeit. Zwar führte Adorno die autoritäre Gefahr, die er im »current of music« des amerikanischen Rundfunks der 1930er Jahre witterte, auf die wundersame Ortlosigkeit und Ungreifbarkeit des neuen Mediums zurück.[5] Seine Gewalt über den Hörer hatte das Radio für ihn aber auch dadurch, dass die mobile »radio voice« noch etwas von der Materialität des Mediums mit sich führte und gerade deshalb als machtvolles Gegenüber erfahren werden konnte. Dem Streaming-Hörer wird hingegen die Illusion vermittelt, das Gehörte stünde unter seiner Kontrolle, ja sei eigentlich gar nicht klar vom subjektiven Erleben zu trennen. Eben dafür, für diese Illusion muss der Stream als solcher unhörbar bleiben.

In der Hörpsychologie gibt es den Begriff des »auditory streaming«. Er bezeichnet die Art und Weise, wie sich unserem »stream of consciousness« die hörbare Wirklichkeit erschließt. Polyphon gliedert sich das Hören in mehrere »Streams«, auditive Bewusstseinsströme, wobei sich der Eindruck von Kontinuität, des Strömens, aus der intuitiven Gruppierung von Höreindrücken ergibt – das leise fortgehende Gespräch rechts hinter meinem Rücken, Beschleunigungsgeräusche der Bahn um mich herum, Schienenklappern links durch das Fenster, wiederholt ein elektronischer Piepton weiter vorne.[6]

Was wir hören, ist in den urbanen Lebensräumen der Gegenwart nicht selten Resultat ausgefeilter Technologien des Sound Engineering. Auf den Bahnhöfen Tokyos kommen natürlich anmutende Vogelstim-

---

4   Christian Thorau / Hansjakob Ziemer (Hg.), *The Oxford Handbook of Music Listening in the 19th and 20th Centuries*. Oxford University Press 2018.

5   Theodor W. Adorno, *Current of Music. Elements of a Radio Theory*. In: Ders., *Nachgelassene Schriften*. Bd. 3. Frankfurt: Suhrkamp 2006.

6   Albert S. Bregman, *Auditory Scene Analysis. The Perceptual Organization of Sound*. Cambridge / Mass.: MIT Press 1990.

men aus diskret platzierten Lautsprechern, ohne dass wir den mechanischen Ursprung merken würden. Ähnliches verspricht das digitale Audio-Streaming von Musik. Ein allverfügbarer Strom von Musik erweitert unser Wahrnehmungsfeld, wann und wo immer wir möchten. Plattformen versuchen dies dadurch attraktiv (und zu Geld) zu machen, dass das Angebot als Playlist personalisiert wird. Auf eine möglichst passgenaue Engführung von Datenstrom und Bewusstseinsstrom hinarbeitend, versuchen Algorithmen anzubieten, was ich im nächsten Moment, meiner jeweiligen Aktivität, Stimmung und der Tageszeit entsprechend werde hören wollen. So zumindest die Idee, denn neuentstehende Formen eines nomadisierenden Hörens in den digitalen Umwelten – »Sped-up«-Listening, exzessives »Skipping« auf TikTok – zeigen ebenso wie das sture Festhalten an vordigitalen Hörweisen, dass das Hören von Musik seine schwer zu kontrollierende Eigendynamik besitzt.

II

Dass solche Entwicklungen zumindest indirekte Auswirkungen auf die Musik haben, ist nicht verwunderlich. Allein die automatisierte Musikauswahl erzeugt eigenartige ästhetische Phänomene, wenn Algorithmen das Archiv der *recorded music* durchforsten. Generative KI-Modelle für Musik stehen bereits in den Startlöchern. Zu den bekannten konkreten Rückwirkungen gehören die sogenannten Spotify-Effekte, musikalische Konsequenz der Verteilungsregeln, mit denen eine der dominierenden Plattformen mehr oder weniger direkten Druck auf Musiker und Produzenten ausübt.

Ihr Resultat ist eine Popmusik, der man die wachsende Angst, aus kürzer werdenden Aufmerksamkeitsfenstern zu rutschen, anhören kann. Wegen der Dreißig-Sekunden-Regel für Gewinnbeteiligungen verzichten Popsongs des Streaming-Zeitalters auf längere Intros und bemühen sich, möglichst optimal platziert jene unwiderstehlichen auditiven »hooks« zu setzen, an denen das Hörenwollen dann lange genug hängen bleibt. Signifikant hat die Normdauer des typischen Popsongs seit den 1980er Jahren abgenommen, von 4:30 auf Madonnas Album *Like a Virgin* (1984) zu nur noch 2:30 auf Shirin Davids *Schlau aber blond* (2025), die allerdings noch deutlich über der Durchschnittslänge eines Kurzvideos auf den Social-Media-Kanälen liegen.

Klassische Musik, deren Kanon zum größeren Teil aus der Zeit vor Rundfunk und Grammophonie stammt, tut sich mit solchen äußeren Zwängen naturgemäß schwer. Entsprechende Effekte sind aber auch hier nicht zu übersehen. Beim Streamen des neuen Albums eines aktuellen Nachwuchspianisten mag ein musikalisch mit Schallplatte und CD aufgewachsener Hörer aufhorchen, wenn die Musik nach dem letzten Ton des Albums noch einmal von vorne beginnt, allerdings in stark verwandelter Klangqualität: intensiver, näher, lauter, klangfarblich ungewohnt resonant, wattig-warm mit erheblichem Nachhall. Hat jemand an den Reglern gedreht? Ein umgekehrter Hörsturz? Glücklicherweise war es nur die »Deluxe Edition« des Albums, auf deren virtueller B-Seite dieselbe Musik noch einmal gespielt wird, nun auf einem »Upright-Piano«, dem in der Konzertmusik und der HiFi-Produktion in der Regel gemiedenen häuslichen Klavier anstelle des ansonsten weitgehend unangefochtenen instrumentalen Standards, des Steinway-Konzertflügels (Modell D).[7]

Über die dahinter stehende Intention kann man nur spekulieren. Die Upright-Piano-Version könnte einfach der Versuch sein, mit Bonusmaterial Kaufanreize zu setzen; sie könnte auf Hörerschichten spekulieren, die aus der Popmusik mit der Praxis des Remix vertraut sind; sie hat einen audiophilen Aspekt und präsentiert einen Klang, dessen Eigenqualität sich in hochwertiger HiFi-Technologie optimal entfaltet, ohne beim billigen MP3-Streaming über Ohrhörer zu enttäuschen; der (elektronisch produzierte) »Sound« des Upright-Piano vermittelt ein nostalgisches Flair, das sich gegenwärtig auch rein digital, als Sample, in der digitalen Audioproduktion einer gewissen Beliebtheit erfreut;[8] die Art der Aufnahme und ihre Abmischung suggerieren dem Hörer körperliche Nähe, Intimität, wie beim nahmikrophonierten Jazzgesang der 1920er Jahre. Und zu allem Überfluss bietet die Deutsche Grammophon die Deluxe Edition schließlich in »Dolby Atmos« an, einem 2012 eingeführten Klangformat, das (laut Hersteller) einen gleichermaßen »immersiven« wie »realistischen« Surround Sound erzeugt – hörpsychologisch gesprochen eine natürlich wirkende auditive Szene, in deren Zentrum sich der Hörer situiert findet.

Eine derart aufwendig produzierte und in ihrem Produziertsein auch ziemlich aufdringliche Klanglichkeit lenkt die Aufmerksamkeit zwangsläufig von der Musik ab auf den Sound, dem als solchem bereits eine erhebliche Attraktionskraft mitgegeben wird. *Form follows function*, wobei die Konturen der musikalischen Form hinter dem sinnlich erfahrenen Sound gleichzeitig zu verschwimmen beginnen.

Nicht jede Musik aus dem Repertoire der »Klassik« eignet sich für solche Anpassungen an die Mechanismen der Streaming-Rotation. Die Tendenz geht zum kuratierten Album, zur unkonventionellen Zusammenstellung meist kürzerer Stücke (Durchschnittsdauer vier bis fünf Minuten), die stilistisch extrem heterogen sein können, sich in Charakter und Stimmung gleichzeitig jedoch – für Kritiker nach Art einer gehobenen Fahrstuhlmusik[9] – auffallend ähneln. Passendes Gegenstück ist die sogenannte Neo-Klassik von Komponisten wie Nils Frahm oder Ludovico Einaudi, eine Musik, die der unterstellten Hörerwartung mit ihrer ästhetischen Niedrigschwelligkeit weit entgegenkommt. Musikerinnen, Musikern und Produzenten selbst mag es darum gehen, in den Zwängen der Industrie Freiheitsspielräume zu erhalten, um so ihrer Musik überhaupt ein Weiterleben zu ermöglichen.

Das Ergebnis ist eine Gratwanderung. Khatia Buniatishvilis *Labyrinth* (2020) präsentiert sich mit einer Tracklist, die von Filmmusik von Ennio Morricone und Philip Glass über eine konventionellere Auswahl von romantischen Charakterstücken und Bach-Bearbeitungen, ein jazziges Chanson-Arrangement hin zu zwei Werken der musikalischen Avantgarde, György Ligetis Etüde *Arc-en-ciel* und John Cages *4'33''*, reicht, als pianistisches Konzeptal-

7 Julius Asal, *SCRIABIN – SCARLATTI (Deluxe Edition)*. Berlin: Deutsche Grammophon 2024.

8 www.ableton.com/de/packs/upright-piano/#?

9 Paul Allen Anderson, *Neo-Muzak and the Business of Mood*. In: *Critical Inquiry*, Nr. 41/4, Sommer 2015.

bum. Das stilistisch breite Spektrum demonstriert ästhetische oder kulturelle Offenheit und belegt gleichzeitig doch nur die allgemeine Konvergenz der Musikrichtungen – Cages berühmtes (Nicht)Stück hat eben auch die Länge eines durchschnittlichen Popsongs. Der Albumtitel *Labyrinth* soll, laut Booklet, eine Metapher für die Abgründe der menschlichen Seele, des subjektiven Geistes sein und so die bunte Mischung von Musikstücken rechtfertigen. Gleichzeitig erweckt die Zusammenstellung, nicht unpassend, den Eindruck ebenjener Kontingenz, der sich beim Hören von algorithmisch sortierter Musik einstellt.

III

Ein affektives, an sinnlichem Reiz interessiertes, stimmungsorientiertes Tonträgerhören scheint mittlerweile so sehr zur zweiten Natur geworden zu sein, dass der intersubjektive Charakter des Musikhörens in Vergessenheit zu geraten droht. Auch wenn sich über die mutmaßlichen Anfänge der Musik in prähistorischen Wildbeutergemeinschaften wenig sagen lässt, nimmt die Musikanthropologie an, dass sie als eine spezifische Form der nichtsprachlichen sozialen Interaktion entstanden sein könnte und in ihr ihren eigentlichen Zweck hatte. Ähnlich sehen es ontogenetisch argumentierende Ansätze, die den Blick auf die nicht- oder protosprachliche Kommunikation von Kleinkind und Mutter lenken.

Musikhören ist in beiden Szenarien Bestandteil sozial geprägter Subjektivierungsprozesse und, da eingebunden in zwischenmenschliches Handeln, weit mehr als nur Wahrnehmung. Etwas Gehör schenken, jemandem sein Ohr leihen, sagt man, ohne sich über die Merkwürdigkeit dieser Sprachbilder zu wundern. Musikalische Interaktion ist ohne jene aufmerksame Hinwendung zum Gegenüber undenkbar. Und ein aktives, kommunikatives Hören ist, auch wenn es selbst still bleibt, ebenso konstitutiv für Musik wie die mechanische Bewegung der schwingenden Körper.

Nicht von ungefähr widmen sich zwei der berühmtesten Mythen der Antike der elementaren Sozialität des Gehörs. Mit dem Abstand von Jahrtausenden scheint die Nymphe Echo das Phänomen der mechanisierten Stimme vorwegzunehmen.[10] Ihr Mythos ist aber auch ein Sinnbild scheiternder Interaktion, das sich am Phänomen des Hörens manifestiert. Von Juno aus Eifersucht um die eigene Stimme gebracht, ist Echo dazu verdammt, lediglich die Worte anderer wiederholen zu können. Als äußeres Zeichen der Verkümmerung eines Wesens, dem die Fähigkeit zur Artikulation seines Selbst genommen wurde, lässt Ovids Erzählung *(Metamorphosen III)* Echos lebendigen Körper zunächst verdorren und dann ganz verschwinden. Ihre in Stein verwandelten Gebeine lassen allein die Stimme zurück, ein gespenstisch körperloses, entsubjektiviertes Organ, das man zwar hören, aber weder sehen noch irgendwo antreffen kann. Die Tragik der Geschichte liegt in Echos Liebe zu Narcissus, der aus maßloser Selbstliebe das umgekehrte Schicksal erleidet: Statt eines Anderen vermag er nur sich selbst zu begehren. Narziss hatte in dem Moment erschrocken die Flucht ergriffen, in dem sich ihm die damals noch körperliche Echo als das reale

10 Mladen Dolar, *His Master's Voice. Eine Theorie der Stimme.* Aus dem Englischen von Michael Adrian u. Bettina Engels. Frankfurt: Suhrkamp 2007.

Andere seiner eigenen Stimme, als menschlich-halbgöttliches Gegenüber zu erkennen gab.

Wenn sich heute die Frage nach einer spezifischen Subjektivität des Streaming-Hörens stellt, wird häufig auf seinen narzisstischen Charakter verwiesen. Dass es sich um ein einsames Hören handelt, das sich (mit Innenohrhörern) gegenüber der Außenwelt verschließt, um diese auf Distanz zu bringen und hörend sich selbst und seine jeweilige Befindlichkeit zu genießen, ist das eine. Das andere ist die verkümmerte Intersubjektivität eines Hörens, das sich einem künstlich-maschinellen Anderen zuwendet, von dem es aber nur das bekommen wird, was das Hör-Ich bereits besitzt oder besitzen will. Die Subjekt-Objekt-Problematik, für den antiken Mythos wohl vor allem eine moralische, ist in der gegenwärtigen Musikkultur eine sozialpsychologische. Und Echokammern sind kein guter Ort für musikalisch Neues.

Steht der Mythos von Narcissus und Echo für ein Scheitern, enthält der Orpheus-Mythos als zentraler Musikmythos der alteuropäischen Tradition die Lösung. Zunächst mag vielleicht aber eine seltsame Parallele auffallen. Monteverdis *L'Orfeo* deutet sie vielschichtig an, wenn Orpheus im fünften Akt der Oper der trauernden Nymphe Echo begegnet. Orpheus' Leben endet nicht nur deshalb tragisch, weil seine Liebe zu Eurydike zu groß war, um sich nicht nach ihr umzuschauen. Bei Ovid (*Metamorphosen XI*) schließt die Orpheus-Erzählung mit der Rache der rasenden Mänaden, Repräsentantinnen des Dionysos. Mit ohrenbetäubendem Lärm und Kriegsgeschrei zerfleischen sie die Orpheus lauschenden Tiere, um dann ihn selbst zu zerstückeln. Seine Seele kann sich am Ende

zwar in der Totenwelt mit der Eurydikes vereinen, seine Musik bleibt aber – wie die Stimme Echos – auf gespenstische Weise in der Welt, wenn auch nur für einen Moment. Der Mund seines vom Rumpf getrennten Haupts singt, von Orpheus' Lyra begleitet, klagend weiter, während beide, von der trauernden Natur begleitet, vom Strom des Hebros zur Insel Lesbos getragen werden. Auch hier das unheimliche Bild eines untoten Organs, das, von Geist und sterblichem Körper getrennt, nicht aufhört, Klang von sich zu geben.

Ovid gibt auch der Orpheus-Erzählung eine moralische Wendung, denn Orpheus wird nicht zuletzt deshalb zum Opfer mythischer Gewalt, weil er sich aus maßloser Trauer um Eurydike der Knabenliebe zugewandt und zudem in seinen Liedern unzüchtige Erotica wie den Inzest besungen hatte. Die untote Stimme des Orpheus und seine selbstspielende Lyra sind aber nicht nur ein moralisches Bild für die Gefahr der Musik, sondern allgemein für ihre Macht, die so groß war, dass sie den grausamen körperlichen Tod des Orpheus überdauerte. Sie bestand darin, die Welt innehalten zu lassen und ihr – Pflanzen, Tieren, Göttern – die Ohren zu öffnen.

Der Ohnmacht, die Echo daran hindert, zu Narcissus durchzudringen, steht im Orpheus-Mythos die Macht der Transformation gegenüber, die Musik dann entfalten kann, wenn das Hören sich ihr als einem Anderen öffnet. Rilke beginnt seine *Sonette an Orpheus* mit dem Bild der schweigend innehaltenden Tiere, deren Stille nicht aus List oder Angst, sondern vom Hören her kommt. Von List, Angst und dem Lärm der Welt befreit erst kann Orpheus ihnen aus Klängen – »den bebendsten Steinen« – innerliche Tempel bauen.

Die technifizierten, extrem künstlichen Bedingungen des gegenwärtigen Musikhörens scheinen für diese – bei Rilke stark technik- und modernekritisch gefärbte – alte Idee von Musik nicht günstig, schon gar nicht mit einer Musik, deren Form wie gesehen von Angst, Ungeduld und ökonomischen Zwängen geprägt ist. Wer mit offenen Ohren hört, dem kann allerdings auch der digitale Stream als technisches Substitut für intersubjektiv lebendige Musik dienen. Vielleicht sollte man den Tod des Orpheus deshalb heute anders lesen. Nicht kunstreligiös als ein pantheistisches Aufgehen seiner Musik in der Allnatur. Dazu ist das blutige Bild des zerstückelten Sängers, der zerfetzten Vögel und Tiere, der entlaubten Bäume, das Ovid uns vor Augen stellt, zu verstörend. Dass Orpheus zweimal singt, einmal lebendig, ein zweites Mal nach dem physischen Tod, wird heutige Leser eher an die Magie erinnern, die die ersten Hörer technisch reproduzierter Musik empfunden haben müssen. Für die Orpheus-Erzählung bleibt Musik, dank technischer Reproduzierbarkeit heute ubiquitär, allerdings Wunder und Ausnahme. Der zweite Gesang des Orpheus trägt, als Nach- und Ausklang von Musik, zudem das Bewusstsein einer Abwesenheit mit sich, die das mediatisierte Hören der Gegenwart so gerne vergessen machen möchte.

Der Glückspilz

Die Reagan-Jahre

Von Jacob Weisberg

Der Tag der Amtseinführung 1981 begann für Ronald Reagan mit einer Nachricht aus dem Weißen Haus. Um 6.47 Uhr morgens rief Jimmy Carter beim designierten Präsidenten an, der auf der anderen Seite der Pennsylvania Avenue im Blair House logierte, um ihn über den Stand der Verhandlungen zur Befreiung der zweiundfünfzig im Iran festgehaltenen amerikanischen Geiseln zu informieren. Carter, der in den beiden vorangegangenen Nächten an dem Deal gearbeitet hatte, war entsetzt, dass Reagan noch schlief und auf seinen Anruf erst fast zwei Stunden später reagierte.

Die gemeinsame Fahrt in der Präsidentenlimousine zum Kapitol – eine Tradition, die bis 2021 fortgeführt wurde, als Donald Trump es ablehnte, der Vereidigung seines Nachfolgers Joe Biden beizuwohnen – verlief dementsprechend unterkühlt. Auf der Fahrt versuchte Reagan, wie es seine Art war, die Spannung mit Witzen und alten Hollywood-Geschichten abzubauen. »Er sprach ständig von Jack Warner«, beschwerte sich Carter später bei einem Assistenten. »Wer ist Jack Warner?«

Diese Anekdote aus Max Boots solider und ausgewogener Biografie *Reagan – His Life and Legend* sagt viel über den Mann aus, der zur wichtigsten Figur des Nachkriegskonservatismus wurde.[1] Im Gegensatz zu Carter hatte Reagan ganz bestimmt

---

1   Max Boot, *Reagan. His Life and Legend*. New York: Liveright Publishing 2024.

nicht vor, nächtelang an Details zu feilen. Während seiner ersten Amtszeit lagen die Feinheiten des Managements in den Händen einer fähigen Troika vertrauenswürdiger Mitarbeiter, die das Weiße Haus am Laufen hielten: James Baker, sein geschmeidig-zielorientierter Stabschef, und zwei verlässliche Männer aus Kalifornien, Edwin Meese, der sich als Kabinettschef um Politik und Ernennungen kümmerte, sowie Michael Deaver, verantwortlich für Medien und PR. Im Gegensatz zu seinem angeschlagenen Vorgänger erwies sich Reagan immer wieder als geradezu unheimlicher Glückspilz. Die Geiseln wurden in den ersten Minuten seiner Präsidentschaft freigelassen – zu spät, um Carter noch etwas zu nützen, aber zum idealen Zeitpunkt, um der neuen Administration gleich eine Aura der Stärke zu verleihen.

Entgegen seiner konfrontativen Rhetorik scheute der neue Präsident persönliche Konflikte und flüchtete sich in Momenten von Stress oder Unbehagen gern in eine Traumwelt voller alter Schauspieler und filmischer Handlungsstränge. Wer war Jack Warner? Jack Warner war der obszöne und skrupellose Mogul an der Spitze von Warner Bros., der Reagans Filmkarriere in Gang brachte, als er ihn 1937 für 200 Dollar pro Woche unter Vertrag nahm. Für Reagan war Warner so etwas wie ein allmächtiger Hollywood-Gott, von dessen Launen Wohl und Wehe eines jeden abhängig waren. Es war Warner, der aus dem »Provinz-Radioansager« aus Des Moines einen echten Star machte.

Reagan bereitete Warner nie Kopfzerbrechen, ganz im Gegensatz zu dem Lebemann Errol Flynn, der verspätet und verkatert am Set auftauchte, seinen Text vergaß und sich weigerte, bis in den Abend hinein zu arbeiten. Reagan, der Flynn in *Santa Fe Trail* (1940) gegenüberstand, war da längst zu der Ansicht gelangt, dass Verlässlichkeit immer wichtiger sei als Genialität. Die Schauspielerei war ein Job wie jeder andere: Man musste pünktlich erscheinen, seinen Text kennen, seine Ziele erreichen und angenehm im Umgang sein. In der Politik war es nicht viel anders. Warner irrte sich in Reagan aber gewaltig, als er ihn deswegen für einen ewigen Hilfssheriff hielt. Als Reagan 1966 für das Amt des Gouverneurs von Kalifornien kandidierte, soll Warner gewitzelt haben: »Nein, Jimmy Stewart als Gouverneur, Ronnie Reagan als bester Kumpel.«

Nach dem Zweiten Weltkrieg geriet Reagans Filmkarriere ins Stocken, als die seiner ersten Frau Jane Wyman gerade an Fahrt aufnahm, was zum Scheitern ihrer Ehe wohl nicht unwesentlich beitrug. Er blieb zwar bis 1952 auf der Gehaltsliste von Warner und arbeitete bis in die 1960er Jahre hinein als Schauspieler, doch seine eigentliche Spur in Hollywood hinterließ er nicht als Darsteller, sondern als Gewerkschaftsfunktionär, der unübertroffene sechs Mal zum Vorsitzenden der Screen Actors Guild (SAG) gewählt wurde. Die Gewerkschaftspolitik war einer der Hauptfaktoren bei Reagans Wandel vom Roosevelt bewundernden New-Deal-Liberalen zum Hardliner, Antikommunisten und Rechtskonservativen innerhalb der GOP. (Ein weiterer Faktor war der 94-prozentige Grenzsteuersatz auf Einkommen über 200 000 Dollar, dem er theoretisch unterworfen war, obwohl ihm in Wirklichkeit, wie anderen Schauspielern auch, die Möglichkeit offenstand, nur einen 25-prozentigen Kapitalertragssteuersatz zu zahlen, indem er seine Einkünfte von »temporären

Unternehmen« erhielt, die für jeden einzelnen Film neu gegründet wurden.)

Der Politiker Reagan erfuhr seine Prägung in der Periode der »Roten Angst« *(Red Scare)*, während der die Gewerkschaften in heftige Kämpfe verwickelt waren, weil man ihnen kommunistische Verbindungen vorwarf. Bei einem der ersten Streiks, die 1945 und 1946 die Filmindustrie lahmlegten, tat er sich als Anführer seiner Schauspielerkollegen hervor. Zwei verschiedene Gewerkschaften beanspruchten, die Maler, Schreiner und andere Backstage-Arbeiter Hollywoods zu vertreten: die International Alliance of Theatrical and Stage Employees (IATSE) und die Conference of Studio Unions (CSU). Die IATSE war größer und mächtiger, aber auch aufgebläht und korrupt. Die kleinere, aber kämpferischere CSU wurde von dem Bühnenmaler und ehemaligen Boxer Herbert K. Sorrell angeführt, der zwar kommunistische Unterstützung begrüßte, aber selbst kein Parteimitglied war. Die Filmstudios verhandelten lieber mit der IATSE, da diese auch Filmvorführer umfasste, und sie hatten Angst vor deren Hebel, womöglich nicht nur die Produktion, sondern auch die Kinos im ganzen Land stillzulegen. Im März 1945, noch vor Kriegsende, legten mehr als zehntausend CSU-Mitglieder für mehr Anerkennung die Arbeit nieder und brachten einige Produktionen zum Stillstand. Die Entscheidung der Screen Actors Guild (SAG), den Streik zu brechen, wofür Reagan auf einer wichtigen Gewerkschaftssitzung geworben hatte, löste eine neue Runde der Gewalt in Hollywood aus. Später behauptete er, ihm sei sogar ein Säureanschlag angedroht worden und er habe auf Anraten des Sicherheitsdiensts des Studios angefangen, einen Revolver bei sich zu tragen.

Mit jenem Desinteresse an der Wahrheit, das zu seinem Markenzeichen werden sollte, romantisierte Reagan die Niederlage der CSU als triumphalen Sieg über den Kommunismus. So hielt er 1961 regelmäßig Wahlkampfreden, in denen er diese Geschichte in Legende und Lehrstück zugleich verwandelte: »Die hässliche Realität kam auf direkten Befehl des Kremls in unsere Stadt. Hardcore-Parteifunktionäre hatten unsere Branche infiltriert«, sagte Reagan. »Das Ziel war, die wirtschaftliche Kontrolle über unsere Industrie zu erlangen und dann unsere Bildschirme für die Verbreitung kommunistischer Propaganda zu unterwandern.« Das war ein reiner Mythos, der aber nie ganz verschwunden ist und erst kürzlich in dem lächerlich schlechten Biopic *Reagan* (2024) mit Dennis Quaid in der Hauptrolle wieder auftauchte. In Wirklichkeit haben die Kommunisten die CSU keineswegs in der Hand gehabt, und es gab nie einen Plan des Kreml, Hollywood in eine Propagandafabrik zu verwandeln.

Aber Reagans eigennütziger Revisionismus war damit noch lange nicht am Ende. Obwohl er an der Einführung der Schwarzen Liste der SAG in Hollywood beteiligt war, indem er Loyalitätseide einforderte und Schauspielern, die kommunistischer Verbindungen verdächtigt wurden, Persilscheine ausstellte, bestand er danach jahrelang darauf, dass es eine solche Schwarze Liste nie gegeben habe. Und das sogar, obwohl sich seine Anbandelung mit Nancy Davis in eben diesem Klima der McCarthy-Ära abgespielt hatte. Nancy Davis war eine Vertragsschauspielerin bei MGM, die zu ihm kam, um sich zu entlasten, weil sie mit einer Schauspielerin gleichen Namens verwechselt worden war, die auf besagter

Schwarzer Liste stand. Nach seiner raschen und glücklichen Wiederverheiratung im Jahr 1952 setzte Reagan seinen politischen Pilgerweg fort. Bei den Präsidentschaftswahlen im selben Jahr trat er als »Demokrat für Eisenhower« auf und verbrachte einen Großteil des Jahrzehnts damit, als Konzernrepräsentant von General Electric durch das Land zu reisen und darüber zu reden, dass sich der Sozialismus auf sanften Katzenpfoten an Amerika heranmachte. Bis 1960, so schrieb er später, hatte er »den Prozess der Selbstbekehrung« zum Konservatismus abgeschlossen.

Diese Entwicklung führte ihn sogar über den Hardliner Barry Goldwater hinaus in den weiteren Umkreis der John Birch Society. In seinen Reden für General Electric griff Reagan auf Fake-Zitate zurück, die er in der Birch-Literatur aufgeschnappt hatte. Noch 1983 zitierte er auf einer Pressekonferenz ein Pamphlet mit dem Titel »Die Zehn Gebote von Nikolai Lenin«. Seine unfreiwillig ironische Botschaft lautete hierbei tatsächlich, dass Kommunisten bereit seien, jede Lüge zu erzählen, um ihre Sache voranzubringen. »Es ist egal, wenn drei Viertel der Menschheit untergehen, Hauptsache, das verbleibende Viertel ist kommunistisch« – laut Reagan habe das »Nicoloi« Lenin gesagt. Unnötig zu erwähnen, dass kein Lenin, gleich welchen Vornamens, das je gesagt hatte. Eine Version des Zitats, die immerhin unter Verwendung des richtigen Vornamens fälschlicherweise Wladimir Iljitsch Lenin zugeschrieben wird, befindet sich an einer Wand in der Reagan-Bibliothek in Simi Valley.

Einige von Reagans Ansichten über die Sowjets standen nicht nur quer zu den Meinungen seiner rechtskonservativen Kollegen, sondern waren auch peinlich naiv. In den frühen 1960er Jahren gab er die Vorhersage zum Besten, die sowjetische Führung werde einfach das Handtuch werfen, sobald sie erkenne, dass »unser System, wenn es ums Ganze geht, das stärkere ist«. Um die Sowjets zum Einlenken zu bewegen, schlug er 1977 in einem Radiokommentar vor, die Vereinigten Staaten könnten erwägen, Millionen von Versandhauskatalogen auf sowjetische Städte abzuwerfen. Auch das mutet wie eine imaginäre Filmszene an. Wenn die Russen nur die neuesten Geschirrspüler und Wäschetrockner von Sears sehen könnten, würden sie alle losrennen und Jimmy Stewart wählen. Dennoch lag Reagan mit seiner Prognose, dass der Kommunismus an seinen inneren Widersprüchen scheitern würde, letztlich richtiger als seine neokonservativen Berater.

Reagans Ansichten zum Kommunismus waren ein seltsames Sammelsurium von Ungereimtheiten. Die Sowjets strebten die Weltherrschaft an (noch mehr Fake-Lenin: »Um die letzte Bastion des Kapitalismus wird nicht gekämpft werden müssen. Sie wird uns in die ausgestreckte Hand fallen wie überreifes Obst«), aber sie waren zugleich am Ende ihrer Kräfte und verkauften Rattenfleisch auf den Märkten. Es war geboten, sie in jeder erdenklichen Hinsicht zu konfrontieren und herauszufordern, aber ebenso sehr, sich auf sie einzulassen, Frieden zu suchen und Freundschaft zu schließen. Der Sieg würde ein langer und mühsamer Kampf sein, aber zugleich, wie die Niederschlagung des Kommunismus in Hollywood, nicht so schwer.

In seiner ersten Amtszeit trugen Reagans irrsinnige Zitate und Reden über die Besiegung des Kommunismus dazu bei, die nuklearen Spannungen auf den gefährlichsten Punkt seit der Kuba-Krise hochzuschrauben. Dies empörte und frustrierte ihn zutiefst. Wie, so fragte er seine Berater, konnten die sowjetischen Führer seinen aufrichtigen Wunsch nach Frieden und Abrüstung derart missverstehen? Doch wenn sie ihm zuhörten, was blieb ihnen anderes übrig?

Entsetzt über die Erkenntnis, dass er selbst das Risiko eines Atomkriegs erhöhte, schlug Reagan in seiner zweiten Amtszeit entschlossen den Weg der Entspannung ein. Unter der Leitung von Außenminister George Shultz bemühte er sich um Vermittlung. Die britische Premierministerin Margaret Thatcher steckte ihm, dass Michail Gorbatschow, der als nächster sowjetischer Staatschef gehandelt wurde, ein Mann sei, mit dem man Geschäfte machen könne, wenn er auch einen gefährlichen Charme besaß. Reagan konnte es kaum erwarten, sich mit Gorbatschow anzufreunden und ihm von seiner großen Vision zu erzählen: der vollständigen Abschaffung von Atomwaffen, beginnend mit den Mittelstreckenraketen in Europa.

Boot stützt sich auf freigegebene Dokumente der Gipfeltreffen zwischen Reagan und Gorbatschow, die im Laufe des letzten Jahrzehnts veröffentlicht wurden. Diese wortgetreuen Transkriptionen vermitteln ein manchmal kurioses Bild ihrer Treffen. Auf dem Genfer Gipfel 1985 schlug Reagan einen Spaziergang im Wald vor. (Das war natürlich im Vorhinein arrangiert worden.) Er sagte zu Gorbatschow, dieser solle den sowjetischen US-Experten verklickern, dass er »nicht nur zweitklassige, sondern auch ein paar gute Filme« gedreht habe. Gut gebrieft über die Performance, die Reagan für seine beste hielt, erwiderte

Gorbatschow, dass er *Kings Row* gesehen habe und »ihn sehr gut fand«. Aber auch wenn Gorbatschow einige von Reagans erogenen Zonen streichelte, so war er doch frustriert, dass das große Zugeständnis, das er in den Raum stellte, nicht bis zu Reagans vernebeltem Kopf durchdrang. Als Gorbatschow vorschlug, seine Truppen aus Afghanistan abzuziehen, verpasste Reagan die diplomatische Chance und verfiel sofort in seine Tiraden gegen die sowjetische Invasion.[2]

Mehr als ein Biograf ist daran verzweifelt, den »echten« Reagan in dem Dickicht aus Vagheit, Selbstverblendung und Widersprüchen auszumachen. Edmund Morris ist am grandiosesten gescheitert. Noch während der Amtszeit des Präsidenten erhielt er wie kein zweiter Zugang zu Reagan – und musste feststellen, dass ihm dies kaum von Nutzen war: Der private Reagan war derselbe wie der öffentliche. Morris zauderte ein Jahrzehnt lang, bevor er zu dem Schluss kam, dass unter der Oberfläche nichts zu finden war. Er verfasste weite Teile von *Dutch* (1999) fiktionalisiert aus der Sicht eines imaginären Freundes.

Boot, ein russischstämmiger Militärhistoriker und Ex-Konservativer, erzählt Reagans Leben, ohne sich an einer allumfassenden These zu versuchen. Sein eigener politischer Wandel vom Reagan-Republikaner zum liberalen Zentristen war ihm eine Hilfe dabei, Reagans Entwicklung in die entgegengesetzte Richtung zu begreifen. Boot ist sich bewusst, dass man nicht einfach eine Weltanschauung gegen eine

2 Vgl. Svetlana Savranskaya / Thomas Blanton (Hrsg.), *Gorbachev and Bush. The Last Superpower Summits. Conversations That Ended the Cold War*. Budapest: Central European University Press 2020.

andere austauschen kann. Überbleibsel der früheren politischen Position halten sich hartnäckig. Es fällt ihm nicht schwer, den Menschen Reagan weiterhin zu bewundern und zugleich sein gestörtes Verhältnis zur Realität und seinen Führungsstil aufs Schärfste zu kritisieren, den er treffend als ein Verhalten beschreibt, »als wäre er ein unbeteiligter Zuschauer in seiner eigenen Verwaltung«.

Selbst die Demokraten im Kongress und andere, die ihn für gefährlich hielten, taten sich schrecklich schwer damit, Reagan nicht zu mögen. Zusammen mit Abraham Lincoln und Franklin D. Roosevelt war er einer der wenigen spontan humorvollen Präsidenten Amerikas. In Santa Cruz rief ein bärtiger Demonstrant der Limousine des Gouverneurs zu: »Wir sind die Zukunft!«. Reagan kritzelte eine schnelle Antwort und hielt sie ans Fenster: »Dann verkaufe ich meine Anleihen.« Im Weißen Haus konnte er über Witze lachen, die seine Eigenart aufs Korn nahmen, bei der Arbeit einzunicken (am peinlichsten einmal im Vatikan bei Johannes Paul II.): »Ich habe die Anweisung hinterlassen, im Falle einer nationalen Notlage jederzeit geweckt zu werden – auch wenn ich in einer Kabinettssitzung bin.« Während er seinen eigenen Kindern gegenüber distanziert und unnahbar blieb, war Reagan bei seinen Mitarbeitern und Mitmenschen beliebt. Er nahm sich jeden Tag Zeit, um Briefe zu beantworten, und fügte oft einen persönlichen Scheck bei, wenn ihn die Schilderung eines Unglücksfalls berührte. In seinem letzten Film, *The Killers* (1964), spielte er einen Gangster und rasselte damit durch – er hatte einfach nichts Böses an sich.

Gleichzeitig konnten einen seine Blödeleien in den Wahnsinn treiben. (Faux

Marx: Der beste Weg, den Sozialismus durchzusetzen, sei es, »die Mittelklasse zu besteuern, bis sie nicht mehr existiert«.) Boot überprüft pflichtbewusst viele der Lügengeschichten, die die damalige Presse unkritisch schluckte – eine Flut von Unwahrheiten, die im Weißen Haus bis 2017 unerreicht bleiben sollte. Reagans moralische Fabeln betonten die amerikanische Tugend und seine eigene, und manchmal verwechselte er Szenen aus Kriegsfilmen mit tatsächlichen Ereignissen aus dem Zweiten Weltkrieg.

Ein wichtiger Teil seiner Selbstmythologie bestand darin, sich selbst mit der Rolle des Ronald Reagan, Freund der Schwarzen, zu besetzen. In sein Repertoire an Storys nahm er auch eine wahrscheinlich sogar wahre Geschichte aus seiner Zeit in Illinois auf, in der er zwei schwarze Mannschaftskameraden des Eureka-College-Footballteams einlud, bei ihm zu übernachten, nachdem sie in einem Hotel abgewiesen worden waren. Weitaus zweifelhafter war seine Behauptung, er habe sich während seiner Zeit als Sportansager gegen die Rassentrennung im Baseball eingesetzt. (Es gibt keine Beweise dafür, dass er das bis zur Aufhebung der Rassentrennung je getan hätte.) Verärgert darüber, dass der Richter des Obersten Gerichtshofs Thurgood Marshall seine Bürgerrechtsbilanz kritisierte, lud er ihn ins Weiße Haus ein, um sich das Ganze anzuhören. »Ich glaube, ich habe einen Freund gewonnen«, schrieb Reagan anschließend in sein Tagebuch. Derselbe Ronald Reagan lehnte den Civil Rights Act von 1964 und den Voting Rights Act von 1965 ab und erzählte manchmal rassistische Witze – einen über afrikanische Kannibalen sogar dem schwarzen republikanischen Senator Edward Brooke. Boot macht deutlich, dass Reagan die Symbolik seines Wahlkampfauftritts als Präsidentschaftskandidat der GOP 1980 in Philadelphia, Mississippi, sehr wohl verstanden hatte – nicht weit von dem Ort, an dem die Bürgerrechtler James Chaney, Andrew Goodman und Michael Schwerner sechzehn Jahre zuvor von Mitgliedern des Ku-Klux-Klans ermordet worden waren. Reagan mag sich zwar nie explizit rassistisch geäußert haben, aber er bekräftigte immer wieder seinen Glauben an die Rechte der einzelnen Bundesstaaten, der nostalgische Rassentrenner wissen ließ, dass er auf ihrer Seite stand.

Die Kluft zwischen Reagans Worten und seinen Taten war Ergebnis einer lebenslangen Praxis, seine Vorstellungskraft dafür zu nutzen, sich unerträgliche Realitäten zurechtzubiegen. In seinen Lügenmärchen hallt das reiche Fantasieleben eines armen Jungen nach, der von einem alkoholkranken Vater von einem Haus zum nächsten geschleppt wurde. Schon früh entwickelte er die Idealisierung als Bewältigungsstrategie. Er war nicht der Feingeist, der gegensätzliche Gedanken gleichzeitig in sich aufnehmen und trotzdem funktionieren kann, sondern hatte den Verstand eines Politikers, der gut darin ist, das zu glauben, was ihm nützt, und alles, was dagegen spricht, zu ignorieren. Das galt nicht nur für seinen Triumph über den Hollywood-Kommunismus oder seinen Kampf gegen den Rassismus. Dazu gehörte auch der Glaube, er und Nancy hätten eine glückliche Familie gegründet. (Drei seiner vier Kinder beschrieben später in ihren Memoiren, wie unglücklich sie waren.)

Die Gefahren seines Wunschdenkens traten erstmals in den Veröffentlichungen seines Haushaltsdirektors David Stockman zutage, die 1981 in einem Artikel in *Atlantic Monthly* erschienen. Reagans wirtschaftliche Ziele – eine enorme Steuersenkung, eine Erhöhung der Militärausgaben und eine ernsthafte Defizitreduzierung – waren unvereinbar, solange es nicht zu dem kam, was Stockman forderte: »einem Frontalangriff auf den amerikanischen Wohlfahrtsstaat«, wie er später schrieb. Es war an der Zeit, sich zu entscheiden, aber Stockmans Versuche, Reagan dazu zu bringen, die Notwendigkeit einer Entscheidung auch nur anzuerkennen, fruchteten nicht. Obwohl er nur ein einziges Bundesprogramm abschaffte (den Finanzausgleich mit den Bundesstaaten und Kommunen) und die Steuerlast insgesamt nicht nennenswert senkte, zog es Reagan vor, zu glauben, er hätte den Aufstieg von sozialistischem *Big Government* aufgehalten. Er konnte sich auch nicht mit der Tatsache abfinden, dass ihm einer seiner Mitarbeiter in den Rücken gefallen war. Nach Erscheinen des Artikels machte Reagan eine Show daraus, Stockman zu bestrafen, vergab ihm schnell und schob die Schuld für das ganze Chaos auf die Presse.

Mit der Iran-Contra-Affäre steigerte sich der Idealismus des alternden Präsidenten zu einer Art Realitätsverlust. Das Tagebuch, das er eifrig führte, war stets betäubend wörtlich. (»Zurück ins Büro – ein wenig Schreibtischarbeit, hauptsächlich um noch liegengebliebene Fotos zu signieren. Dann zum Haareschneiden und nach oben. Sport und Dusche. Und jetzt ist es Zeit fürs Abendessen.«) Am 22. November 1985 hielt der Präsident fest, dass eine Geheimoperation die Befreiung der im Libanon festgehaltenen amerikanischen Geiseln bewirken würde. Wenige Seiten später

bezeichnet er denselben Tausch von Waffen gegen Geiseln, auf den er gerade noch angespielt hatte, als eine »abenteuerliche« und »aus der Luft gegriffene« Geschichte. Mit dem Beweis konfrontiert, dass er Oliver Norths iranische Machenschaften gebilligt und gefördert hatte, war er fassungslos. »Ich verstehe einfach nicht, warum man mir nicht glaubt«, sagte er zu seinem Sprecher Marlin Fitzwater. »Ich habe nicht versucht, mit Waffen zu handeln.« Einer der schmerzhaftesten Momente in Reagans Präsidentschaft war seine landesweit im Fernsehen übertragene Entschuldigung. »Vor ein paar Tagen habe ich dem amerikanischen Volk gesagt, dass ich keine Waffen gegen Geiseln eingetauscht habe«, sagte er. »Mein Herz und meine besten Absichten sagen mir, dass das wahr ist, aber die Fakten und die Beweise sagen mir, dass es nicht so ist.« Da ihm nun der Weg verstellt war, von sich selbst das Beste zu glauben, zog er sich verletzt und verwirrt in sein Schneckenhaus zurück.

Die Haupteigenschaft Reagans, die Boot zu Recht als Grund für dessen Erfolg hervorhebt, war sein Pragmatismus, der in vielerlei Hinsicht dem seines frühen politischen Helden Franklin Roosevelt ähnelte. Schon während eines Schulstreiks am Eureka College gab sich Reagan auf der Bühne prinzipienstark, während er im Hintergrund auf Kompromisse aus war. Auf dem Bildschirm und gegenüber der Öffentlichkeit war er ein Politiker aus Überzeugung. Doch hinter den Kulissen – wie beim Tauschgeschäft Waffen gegen Geiseln – war der Basar für Geschäfte geöffnet.

Reagans Vorstellung von Kompromissen entwickelte sich größtenteils aus seiner Erfahrung mit dem Streik 1959, in seiner sechsten Amtszeit als Präsident der

SAG. Es ging um die Vergütung für alte Filme, die nun im Fernsehen gezeigt wurden.[3] Reagan beendete den sechswöchigen Streik, indem er die Studios dazu brachte, Zahlungen für zukünftige Filme zuzustimmen und in einen Pensionsfonds für Schauspieler einzuzahlen, um sie für die Produktionen vor 1960 zu entschädigen. Selbst sein Freund Bob Hope hielt dies für einen lausigen Deal, für Reagan aber wurde es zum Inbegriff für erfolgreiches Verhandeln. Eine seiner Lieblingslektionen – erzählt in seiner frühen Autobiografie *Where's the Rest of Me?* (1965) – war, dass man eine ausweglose Situation am besten während einer Toilettenpause klärt, wenn man seinem unnachgiebigen Gegenüber folgt und beim Pissen zur Sache kommt.

Als Gouverneur von Kalifornien war Reagan immer auf der Suche nach solchen »Pissoir«-Momenten mit den Demokraten in Sacramento. »Jedes Mal, wenn ich 70 Prozent meiner Forderungen aus einer feindseligen Legislative herausholen kann, greife ich zu«, sagte er einmal zu einem Berater. Dies führte zu einer Reihe von überparteilichen Gesetzen und einer unerwartet moderaten Bilanz. Reagan wetterte gegen das staatliche Universitätssystem und verdoppelte dessen Budget. Er kritisierte Umweltvorschriften, während er gleichzeitig Flüsse unter Schutz stellte, das staatliche System von Naturschutzgebieten ausbaute und die bis dato strengsten Emissionsstandards des Landes einführte. Er erhöhte die Steuern und unterzeichnete 1967 ein Gesetz, das Abtreibung in Kalifornien de facto legalisierte und den Weg zu *Roe v.*

Wade ebnete. Die politische Situation im Golden State erklärt viele Positionen Reagans, für die man heutzutage auf einem Parteitag der Republikaner unter Gelächter aus dem Saal geschmissen würde. Er sprach sich für die Schusswaffenkontrolle aus, weil die Black Panther mit Pistolen herumliefen (und später kam noch hinzu, dass sein Sprecher James Brady 1981 beim Reagan-Attentat von John Hinckley Jr. schwer verwundet wurde). Er unterstützte die Amnestie für Einwanderer ohne Papiere aus natürlichem Mitgefühl und weil die Farmer sie als Erntehelfer bei Obst und Gemüse brauchten.

Diese Denkweise eines praktisch veranlagten Politikers steht im Widerspruch zu unserem Bild von Reagan als Ideologe. Dennoch erklärt sie seine großen Erfolge in der Innen- und Außenpolitik – die Steuersenkung 1981, die Umstrukturierung des Sozialversicherungssystems 1982, die Steuer- und Einwanderungsreform 1986 und der Vertrag über nukleare Mittelstreckenwaffen 1987. Diese Erfolge waren nur möglich aufgrund seiner undogmatischen Haltung zu allem und jedem sowie seiner Zusammenarbeit mit den führenden Demokraten im Kongress, die diese Haltung größtenteils teilten. Wenn Reagan sagte, er lasse sich nicht bewegen, war das nur eine Verhandlungsposition. (Sein Festhalten an der Strategic Defense Initiative, dem Raketenabwehrsystem, das er 1983 ankündigte und das nach mehr als vierzig Jahren immer noch mehr Idee als Wirklichkeit ist, stellt eine Ausnahme dar.) Reagan sortierte Theorie und Praxis in verschiedene, hermetisch abgeschlossene Fächer. So kam es, dass der Erzfeind des Kommunismus Frieden mit den Sowjets schloss und der Mann, der niemals Waffen gegen Geiseln

---

3   Das zentrale Thema des SAG-AFTRA-Streiks im Jahr 2023 war ein ähnliches: die Einnahmen aus Streaming-Diensten.

tauschen würde, Panzerabwehrraketen an den Iran lieferte. So hat der steuer- und beamtenfeindlichste Präsident der Neuzeit die Steuern öfter erhöht als gesenkt und den Umfang des Verwaltungs- und Regierungsapparats vergrößert. Wie schon in Kalifornien war das, was er sagte, meilenweit entfernt von dem, was er tat, und nochmals meilenweit entfernt von dem, was er später glaubte, getan zu haben.

Reagans Ideen, wenn nicht gar seine Vorgehensweisen, waren auch noch nach dem Kalten Krieg Leitlinien für die Republikaner. Das sollte sich erst 2016 im Wahlkampf von Donald Trump ändern, der die Partei allem Anschein nach in eine radikal andere Richtung führte. Das ist die historische Frage, die sich durch Boots gesamtes Buch hindurchzieht: Ist der Trumpismus eine endgültige Abkehr vom Reaganismus oder vielmehr seine Erfüllung?

Vom Temperament her könnten die beiden Politiker kaum unterschiedlicher sein. Der begabte Junge aus dem Mittleren Westen hegte kaum jemals schlechte Gefühle gegen irgendjemanden, aber den rüpelhaften Oligarchen, der ihn als führenden Geist der GOP ablösen sollte, hätte er bestimmt abstoßend gefunden. Reagan war zu verklemmt und politisch zu vorsichtig, um AIDS bis 1985 in der Öffentlichkeit auch nur zu erwähnen. Trump hingegen sagte später gegenüber Howard Stern, dass der Kampf gegen sexuell übertragbare Krankheiten während der AIDS-Ära sein »persönliches Vietnam« gewesen sei.

Auch in der Politik scheinen die Unterschiede kaum überbrückbar zu sein. Durch den Riss zwischen den Grundüberzeugungen Reagans und denen seiner Anhänger aus der weißen Arbeiterklasse ist Trump mit einem Lastwagen gebrettert.

Sein Populismus stellt den Reaganismus in Bezug auf Freihandel, Einwanderung, internationale Bündnisse, Interventionen im Ausland und die Rolle der Regierung auf den Kopf. Anders als man angesichts von Elon Musks DOGE-Amoklauf vermuten könnte, teilt Trump eigentlich nicht Reagans philosophische Abneigung gegen Big Government. Vielmehr will er die Staatsgewalt unter seine Kontrolle kriegen, so wie andere Machthaber auf der ganzen Welt. Jenseits der Logik des Kalten Krieges empfand Reagan keinerlei Verwandtschaft mit Autoritarismus oder autoritären Regierungen.

Doch hinter diesen Unterschieden in den Ansichten verbergen sich real existierende Kontinuitäten. Wie Reagan verfolgt auch Trump eine inkohärente Wirtschaftspolitik, die die Ungleichheit vergrößert und das Spielfeld zugunsten der Wohlhabenden verschiebt. Trumps enorme Steuersenkung von 2017 ohne ausgleichende Ausgabenkürzungen war ganz im Stil Reagans. Trumps jüngste Haushaltsvorschläge – nicht nur die Verlängerung der Steuersenkungen von 2017, sondern auch die weitere Senkung des Unternehmenssteuersatzes bei gleichzeitiger Abschaffung der Steuern auf Sozialversicherungsleistungen, Trinkgelder und Überstunden – laufen auf Reaganomics hinaus, ohne auch nur einen Hauch von fiskalischer Verantwortung zu zeigen. Eine weitere durchgehende Linie ist der politische Schulterschluss der GOP mit der christlichen Rechten, der durch die Ernennung von Richtern und den langen Kampf um die Aufhebung von *Roe v. Wade* zementiert wurde. Aufstieg und Triumph der konservativ-libertären Juristenvereinigung Federalist Society erstrecken sich über beide Präsidentschaften.

Boot führt die Gemeinsamkeiten von Trump und Reagan auf Barry Goldwater und den harten Rechtsruck der Republikanischen Partei im Jahr 1964 zurück. Reagan schloss sich Goldwaters Einstellung an, eine expansive Regierung sei ein Hayek'scher »Weg in die Leibeigenschaft«. Trump stellt die Bundesbürokratie als eine Verschwörung des »tiefen Staates« *(deep state)* gegen ihn dar. In beiden Versionen klingen rassistische Ressentiments an: der Verdacht weißer Wählerinnen und Wähler, dass Programme auf föderaler Ebene nur zu dem Zweck existieren, Minderheiten zu fördern. Im Jahr 1980 machte sich das politische Backlash-Lager die Reaktion auf Maßnahmen zur Integration, zur Beseitigung der Segregation an Schulen *(busing)* und andere Formen der Affirmative Action zunutze. Bei Trump äußert sich der Backlash in Form von Antiwokeismus, Diffamierung von Migranten und Racheaktionen gegen politische Gegner. Es wird sich zeigen, ob Trumps Spielart in seiner zweiten Amtszeit wesentlich härter ist als die Reagans oder lediglich fieser und lärmender.

Auch in anderer Hinsicht lässt sich der Trumpismus als Reaganismus ohne Hemmungen, Gewissen oder Geschmack interpretieren. Die alten Klagen über den B-Movie-Star, der Hollywoods Selbstdarstellerei auf die Präsidentschaft überträgt, wirken heute versnobt und altmodisch.

Insofern Reagan Kommunikationsfähigkeiten einsetzte, die er sich als Radiosprecher angeeignet hatte, hat Trump als Reality-TV-Star den Job des Präsidenten zu einem ununterbrochenen Wettbewerb um Aufmerksamkeit umgestaltet. Der eine war ein disziplinierter Performer, der andere ist ein Zyniker und Scharlatan.

Die Bewunderung für Reagan ist nach wie vor einer der seltenen Punkte, bei denen Einigkeit herrscht zwischen Trump-Anhängern und den verbleibenden »Niemals-Trump-Republikanern«, die davon fantasieren, eines Tages eine Partei wiederzubeleben, der Charakterfragen, klare Grenzen für die Regierung und eine internationalistische Außenpolitik wichtig sind. Der neue Ort der Reagan-Nostalgie ist merkwürdigerweise bei den Demokraten zu finden. Sie erinnern sich zu Recht an Reagan als einen anständigen Mann, der trotz all seiner Schwächen einer legitimen Partei vorstand, bevor diese in einen Personenkult umschlug. Die Liberalen beklagen den Verlust einer loyalen Gegenspielerschaft, die nach den gleichen Regeln und Normen Politik betreibt wie sie selbst. In den 1980er Jahren wirkten unsere Auseinandersetzungen mit Reagan wie Kämpfe um grundlegende Werte. Jetzt werden wir uns der noch viel tieferen Werte bewusst, bei denen man auf ihn zählen konnte.

Aus dem Englischen von Birthe Mühlhoff

www.tropen.de

Jonathan Lethem
Der Fall Brooklyn
Roman

448 Seiten, gebunden mit Schutzumschlag
ISBN 978-3-608-50244-2
€ 26,– (D) / € 26,80 (A)

Auch als
@book

»Jede Stadt verdient ein solches Buch.«

– *Colum McCann*

Verbrechen, Spekulationen, Gentrifizierung und zerplatzte Träume: Mit
meisterhafter literarischer Finesse erzählt Jonathan Lethem die wechsel-
volle Geschichte von einer der hippsten Straßen New Yorks, der Dean
Street. Ein Blick hinter die Kulissen einer Straße, einer Stadt und einer Zeit,
in der vieles immer stärker zur bloßen Fassade gerät.

»Ein großer Lesegenuss. Ein brillantes Buch, das alle Genregrenzen
sprengt.« *Percival Everett*

Tropen

MARGINALIEN

Syrien – eine Rückkehr

Von Mounir Zahran

Der Grenzkontrolleur studiert meinen seit über zehn Jahren abgelaufenen syrischen Reisepass. Er registriert, dass ich ihn seit 2012 nicht mehr benutzt habe und stempelt ihn trotzdem ab. Auf dem Passfoto sieht er den jungen Mann vor sich, der mit achtzehn Jahren ausgereist ist und nun als Erwachsener zurückkehrt. Seine Augen spiegeln meine Freude, ich lächle, er lächelt zurück. Wo sonst, in welchem Flughafen oder an welcher Grenzstation der Welt, wird die Heimkehr eines Sohnes so gefeiert?

Ich bin Deutschsyrer, in Deutschland geboren, habe aber von 2004 bis 2012 in Syrien gelebt. Ich habe die Ereignisse immer von außen betrachtet, mit einer gewissen Distanz. Doch in dem Moment, als mich der Grenzkontrolleur anlächelte, fiel das alles von mir ab. Ich war nur noch Syrer. Aber nur in diesem Moment. Während meiner Reise sollte es dann doch zu Situationen kommen, in denen ich mich wieder als Außenstehender fühlte – als Beobachter oder als jemand, der zwischen den Stühlen sitzt, der verstehen will, ohne gleichzeitig seine eigenen Ideale und Prinzipien aufzugeben. Mal war ich Syrer, mal Deutschsyrer, mal einfach Deutscher, dann auch noch Mounir Zahran, der Politikwissenschaftler.

Ursprünglich hatte ich geplant, zwei Monate am Orient-Institut in Beirut zu verbringen und mich dort intensiv mit Syriens Vergangenheit zu beschäftigen – jener von Militärcoups und demokratischen Experimenten geprägten Phase von Syriens Unabhängigkeit 1946 bis zum Baath-Putsch im März 1963. Eine Zeit, die an ein anderes Syrien erinnert, verpasste Chancen vor Augen führt, fern vom bleiernen assadschen Status quo. Ich hatte vor, die Schriften der führenden syrischen Politiker jener Epoche zu sichten und in einer Art intellektuellen Biografie zu verarbeiten. Eine Art Fahrplan für eine Zeit – die ich ehrlicherweise im Sommer 2024 noch in weiter Ferne sah, konkret erst in ein paar Jahrzehnten – nach Assad. Kurzer Einschub von Jacques Derrida: »Das Ereignis als Ankömmling ist das, was vertikal über mich hereinbricht, ohne dass ich es kommen sehen kann.« Baschar Al-Assad flieht am 8. Dezember 2024 im Schutz der Nacht aus Syrien, das Ancien Régime ist nicht mehr.

Anfang März lande ich in Beirut, ich telefoniere kurz herum, ein Fahrer ist schnell organisiert. Jetzt sitze ich im Auto auf dem Weg von Beirut nach Syrien. In Damaskus bin ich mit einem Historiker verabredet und möchte, wenn möglich, Zeitzeugen befragen, um meiner Forschung einen Rahmen zu geben. Und indem ich meine Forschungsreise gewissermaßen offiziell auf meinen Syrienaufenthalt ausdehne, will ich eine gewisse Distanz wahren, mich vor der Enttäuschung schützen, die eine unmittelbare Erfahrung mit sich bringt. Denn in der Sentimentalität des Zurückkehrenden verbirgt sich die Hoffnung, alles so vorzufinden, wie es war.

»Ich wollte es lassen, in dunkler Nacht umherzuirren«, schrieb einst der syrische Chronist Usama ibn Munqidh zur Zeit der Kreuzzüge, als er nach Jahrzehnten wieder in seine Heimat zurückkehrte. »Ich habe geglaubt, dass Neues nicht durch die Zeit abgenutzt wird und Starkes nicht schwach wird.« Es ist amüsant und bedrückend zugleich, dass Sätze, die ein Mensch vor fast tausend Jahren benutzte, um seine individuellen Erfahrungen auszudrücken, nun auch Ausdruck meiner persönlichen Erfahrungen sind. Ich sehe, wie die starke Jugend von Aleppo und Damaskus gealtert ist und wie das ehemals Neue heruntergekommen, verwahrlost und verbraucht wirkt. Zwei Syrer, die mit einem Abstand von tausend Jahren einem verlorenen Jugendgefühl nachjagen, das sie einmal in Syrien empfunden zu haben glauben. Aber wo könnte ich dieses alte Gefühl wieder zum Vorschein bringen? In einer vertrauten Häusergasse, in den gealterten Gesichtszügen meiner Onkel und Tanten, vor unserer alten Wohnung mit dem holzgesäumten Balkon, am Grab meines Vaters? Und wenn diese alten Gefühle nicht auftauchen sollten – weil es einfach Jugendgefühle waren, Gefühle, die zwar zeit-, aber nicht ortsgebunden waren und daher nichts individuell Besonderes hatten, sondern überall auf der Welt ähnlich empfunden wurden –, was mache ich mit Syrien?

Mein Fahrer ist gut gelaunt, lacht und scherzt, nimmt die Grenzbeamten auf den Arm. Wir überqueren die Grenze. Nicht nur die Landschaft, auch die wirkliche Wirklichkeit Syriens breitet sich vor mir aus. In dieser Sekunde: Syrien kein ferner Traum mehr, keine Vorstellung, keine Fantasie, sondern unmittelbare Erfahrung.

Straßenchaos in Damaskus, spürbare Überforderung bei den Verkehrspolizisten. Risse und Brüche in den Bürgersteigen, Unkraut wuchert aus den Ritzen. Smog, Müll, Verwahrlosung, erste Eindrücke nach dreizehn Jahren Abwesenheit, direkt im Anschluss aber auch schönes Kontrastprogramm: Mit meinen Cousinen schlendere ich abends durch die Altstadt von Damaskus, wir ziehen von Café zu Café, ich spaziere täglich durch die in den 1940er Jahren entstandenen Viertel Rauda, Malki und Mazzeh Villat und verliere mich in der modernen syrischen Architektur, levantinische, italienische und französische Einflüsse in einem harmonischen Ganzen, Damaskus, du schöne Stadt!

Es ist Ramadan, ich mit meiner agnostischen Weltanschauung faste trotzdem mit, will das alles erfahren. Mein Alltag: Fasten, Spaziergänge, Lesen (Koranexegese und Heinrich Böll), Verwandtenbesuche (alle von den neuen Machthabern überzeugt, Aufbruchsstimmung), überladene Essenstische, Tee, süßes Gebäck, Kaffee (abends statt morgens), aufgekocht mit Kardamom. Ungebrochene Freude am Leben. Innere Zufriedenheit, die mir seit Jahren fremd war. Ich könnte hier meine Sachen packen und nach Beirut zurückkehren und dort zufrieden meine Recherche fortsetzen, oder ich könnte auch einfach damit aufhören, denn warum sollte ich über das Syrien der verpassten Chancen forschen, wenn es sich jetzt auf dem »richtigen« Weg der Geschichte befindet?

Rückkehr ins wüste Land

Mit dem Bus fahre ich von Damaskus, wo ich Verwandte mütterlicherseits habe, nach Aleppo, wo meine Verwandten väterlicherseits leben. Wir fahren fünf Stunden. Eine Trümmerlandschaft reiht sich an die andere. Kein Stein mehr auf dem anderen.

Ich stehe mit meinem Onkel in den zerstörten Gassen der Altstadt von Aleppo. Das Haus, in dem mein Vater die ersten fünfzehn Jahre seines Lebens verbrachte, hat ein riesiges Loch in der Fassade, das Dach ist eingestürzt. Überall Schutt. Mir kommt T. S. Eliot in den Sinn: »I will show you fear in a handful of dust.« Die Altstadt Aleppos war neben der von Fès eine der wenigen mittelalterlichen Siedlungen des Orients, die noch in einem guten Zustand erhalten waren. Wir gehen weiter, mein Onkel zeigt mir Ruinen, die teils mit der Geschichte Aleppos, teils mit unserer Familiengeschichte zu tun haben. Einundachtzig Jahre alt, einer der letzten Zeitzeugen des alten Aleppo. Er führt mich zu den Trümmern der ehemaligen Polizeidirektion, in der mein Großvater gearbeitet hatte. Ich bin überrascht, wie gefasst, ja geradezu unbekümmert mein Onkel mir das alles zeigt. Wir stehen vor dem Grab meines Vaters, und jetzt doch ein kurzer Anflug von Sentimentalität: »Nach dreizehn Jahren bringe ich dir deinen Sohn zurück.«

Und später in der Wohnung meine Neugier beim Durchblättern der Fotoalben: Bei den Verwandten in Damaskus habe ich wenig anderes erwartet, aber er, der überzeugte Nasserist, Anhänger des sozialistischen Staatschefs Gamal Abdel Nasser, der die Muslimbrüder brutal verfolgen ließ, müsste doch den Islamisten eigentlich misstrauen. »Mir ist nur wichtig, dass Assad weg ist«, sagt er. Er habe seinen Teil getan, jetzt sei meine Generation an der Reihe.

Er erzählt mir von seinen zwei Verhaftungen. Die erste geschah 1964, als er als Schüler gegen das noch junge Baath-Regime demonstrierte. Sechzehn Tage Gefängnis, Schläge, brennende Zigaretten auf der Haut. »Damals war das Regime schwach und hat sich nicht viel getraut«, sagt er. Die von meinem Onkel verwendete Umschreibung »nicht viel getraut« muss für den deutschen Leser natürlich in den entsprechenden Kontext gesetzt werden. In den 1960er und 1970er Jahren, auch unter Hafiz al-Assad, hätte man das Regime mit dem vor einigen Jahren in der Autokratieforschung in Mode gekommenen Adjektiv »soft authoritarianism« beschreiben können. In den 1980er Jahren kam es dann mit dem Aufstand der Muslimbrüder zum »full blown totalitarian turn«. In diese Zeit fiel auch die zweite Verhaftung meines Onkels, diesmal für mehrere Monate: »Da konnten sie machen, was sie wollten.« Über die Details schweigt er. Zu demütigend, zu beschämend sind die Foltererlebnisse, die ihm bis heute in den Knochen stecken.

Mein Onkel macht Mittagsschlaf, und ich will noch unsere alte Wohnung sehen, die meine Mutter vor zehn Jahren schweren Herzens verkauft hat. Sie liegt im intakten Westteil der Stadt, im Viertel Al-Furqan, der vom Regime gehalten wurde und daher von den beinahe täglichen Bombardierungen verschont blieb. Man hatte mich vorgewarnt: Im Krieg musste sich die Stadt zusammenziehen, Geschäfte verlagerten sich hierher, und unsere einst beschauliche Straße ist jetzt eine belebte Einkaufsmeile, ein Menschenstrom, in dem ich kaum vorwärtskomme. Wo war nochmal unsere Wohnung?

Zehn Minuten stehe ich ratlos da, bis ich auf die Idee komme, die Straßenseite zu wechseln. Da erkenne ich unseren Balkon mit seiner Außenfassade aus Holz. Die ganze Zeit stand ich vor der Wohnung, ohne es zu bemerken. Im Treppenhaus sehe ich die Klingelschilder der Nachbarn, sie sind nicht ausgezogen. Ich gehe wieder hinaus und spüre nichts.

Dann will ich die Eltern meines Jugendfreunds besuchen, die gegenüber wohnten. Mein Freund hat Syrien vor zehn Jahren verlassen, aber nach dem letzten Stand müssten zumindest seine Eltern noch da sein. Auch ihre Wohnung finde ich nur mit Mühe; ich klingele, klopfe, keine Antwort. Unten auf der Straße erfahre ich, dass sie vor vier Monaten gegangen sind. Und lange vor ihnen all meine Freunde von damals. Alle haben die Stadt verlassen, sind irgendwo in Deutschland, Kanada, Schweden, Frankreich, den Emiraten und anderswo. Aleppo, du fremde Stadt. Wieder T. S. Eliot: »And their friends, the loitering heirs of city directors; || Departed, have left no addresses. || By the waters of Leman I sat down and wept…« Nur dass hier, in Aleppo, dieser Stadt ohne Vergangenheit und ohne Zukunft, nur noch betäubende Gegenwart, selbst Quwaiq, ihr Fluss, längst ausgetrocknet ist.

Eine Geschichte der Gewalt

Zurück in Damaskus überschlagen sich die Ereignisse. Ehemalige Regimesoldaten der berüchtigten Vierten Division unter dem Kommando des Assad-Offiziers Ghaith Dallah wollen am 6. März die Küstengebiete unter ihre Kontrolle bringen. Dabei wird kein Unterschied zwischen HTS-Sicherheitskräften und Zivilisten gemacht. Männer werden noch in ihren Autos erschossen, nur weil sie das Nummernschild der HTS-Hochburg Idlib tragen. Mindestens zweihundert Zivilisten sterben. Die Küstenregion ist de facto unter der Kon-

trolle der Assad-Loyalisten. Die Interimsregierung reagiert schnell und schickt, wo möglich, reguläre Sicherheitskräfte und irreguläre Milizen aus allen Teilen Syriens.

Dass es eigentlich um den Kampf gegen ehemalige Assad-Milizen und die Sicherung der Region geht, gerät schnell in den Hintergrund. Der Rückeroberung folgt ein Massaker an unschuldigen Alawiten, das der Brutalität des alten Regimes in nichts nachsteht: Männer, jung und alt, wurden aus ihren Häusern gezerrt und erschossen, Häuser geplündert, Frauen schikaniert und gedemütigt. Unter den Opfern sind Ärzte, Lehrer, Ingenieure, Schüler und sogar Assad-Gegner. Den islamistischen Milizen ist es egal, wer vor ihnen steht. Die Sicherheitskräfte der neuen Machthaber wüten mehrere Tage. Man spricht von etwa tausend Toten. Die internationale Gemeinschaft zeigt sich entsetzt. Westliche Regierungen mahnen, dass eine Aufhebung der Sanktionen gegen Syrien nur erfolgen kann, wenn die Rechte der Minderheiten angemessen geschützt werden.

Wer glaubt, Alawiten seien pauschal Privilegierte des alten Systems gewesen, der fahre in Damaskus nach Mazzeh 86 – ein überfülltes Viertel, in dem vor allem Alawiten leben. Die Assad-Regierung hatte hier in den 1980er Jahren entstandene illegale Bauten stillschweigend geduldet, aber von echter Fürsorge keine Spur. So viel Verwahrlosung und Armut habe ich noch nie gesehen. Nachts streife ich durch die stockdunklen Gassen, höre den typischen Küstendialekt. Hier zeigt sich, dass die Assad-Herrschaft nie allen Alawiten zugute kam, sondern nur einem auserwählten Kreis. Die überwältigende Mehrheit wurde als Fußsoldaten, Wächter, Fahrer und Leibwächter gehalten. Offenbar fürchtete der Assad-Clan, ihm würden die Kämpfer ausgehen, wenn er sie zu Ärzten oder Ingenieuren machte. So missbrauchte er sie für seine Zwecke und nahm ihnen am Ende das Wenige, was ihnen noch geblieben war.

Der neue starke Mann in Damaskus, Syriens neuer Präsident Ahmed al-Scharaa, verspricht vor laufender Kamera die Aufklärung der Verbrechen an den Alawiten, kündigt eine unabhängige Kommission an, die tatsächlich auch mit HTS-fernen Personen, darunter Alawiten, besetzt wird. Doch die Beschwichtigung dient hier nicht einer empörten Bevölkerung, sondern dem Westen; hier geht es schlicht um die Aufhebung der Sanktionen.

Zwar gibt es in Damaskus vereinzelte Proteste gegen das brutale Vorgehen der Sicherheitskräfte, und einige meiner Bekannten und Verwandten verurteilen in den sozialen Netzwerken die Ermordung der Alawiten aufs Schärfste. Doch die landesweite Empörung, die ich mir zugegebenermaßen erhofft hatte, der Aufschrei, der durch alle Konfessionen und Gesellschaftsschichten geht, bleibt aus.

In Damaskus spreche ich mit Taxifahrern, Imbissbudenbesitzern, wohlhabenden Geschäftsleuten, Hausfrauen. Die Perspektive all dieser Menschen ist geprägt von Schmerz und tiefen Wunden, die in der kurzen Euphorie nach dem Sturz des Diktators fast in Vergessenheit geraten waren. Doch jetzt, in der Katerstimmung des Nüchternwerdens, tritt alles wieder zutage, was kurz verdrängt war. Und auf einmal scheint man nicht mehr vergessen zu können, sondern sich nur noch erinnern zu wollen.

»Natürlich sind die toten Zivilisten zu beklagen«, höre ich überall. Doch dann kommt das »Aber«: Es seien doch »nur«

tausend Tote. Manche werden wütend, fragen, wo denn der internationale Aufschrei gewesen sei, als 1982 das Hama-Massaker geschah. Für die meisten Syrer fing der Krieg nicht 2011 an. 1982 ist das Jahr, als im Zuge eines Aufstands gegen Hafiz al-Assad die mittelsyrische Stadt Hama in die Hände der Muslimbruderschaft fiel. Ähnlich wie jetzt die neue Regierung reagierte Assad prompt und mit aller Härte. Hama wurde von außen abgeriegelt, und reguläres Militär und Paramilitärs, vor allem aus den Reihen der Alawiten, strömten in die Stadt. Das Ergebnis nach zwei Wochen: 25 000 tote Zivilisten, 100 000 willkürliche Verhaftungen, 20 000 Menschen sind bis heute nicht wieder aufgetaucht, und eine dem Erdboden gleichgemachte Stadt. In dieser Zerstörungs- und Tötungsorgie kam die Cousine meiner Mutter ums Leben. Soldaten des Regimes plünderten ihr Haus, erschossen sie, hackten ihr die Hände ab, um leichter an den Schmuck zu kommen. Ihre Kinder kauerten auf dem Dachboden und hörten das Flehen ihrer Mutter und die folgenden Schüsse. Ein Alptraum, der sich in Hama Hunderte, ja Tausende Male wiederholte.

Und doch war Hama nur die Spitze eines riesigen Eisbergs, ein Trauma folgte, das das Vorherige noch übertreffen sollte: Vierzehn Jahre Bürgerkrieg mit mehr als 600 000 Toten und 13 Millionen Flüchtlingen, wenn man die Binnenvertriebenen hinzurechnet. Wer mit diesen Zahlen wenig anzufangen weiß, dem rate ich, diese in Relation zu den 22 Millionen Einwohnern Syriens vom Jahr 2011 zu setzen. Und hinter diesen Zahlen verbergen sich lauter Ereignisse, die sich ins Gedächtnis der Syrer einbrannten: Der friedliche Protest Zehntausender in Homs, getragen von Rufen,

Sprechchören und Plakaten, sie wurden nicht mit Gewehren, sondern mit Mörsern niedergeschossen. Obamas »rote Linie« durch Giftgasangriffe in Ghouta überschritten. Belagerte Rebellenstädte, Menschen verhungern, Bilder von ausgemergelten Kindern gehen um die Welt. Ich sitze meiner Tante gegenüber, die mich fragt, wo bei all diesen Verbrechen die Empörung war.

Im Würgegriff der Sanktionen

Und hier entgegne ich und erinnere daran, dass die internationale Gemeinschaft, vor allem die westlichen Staaten, mit Sanktionen reagiert hat. »Sanktionen gegen uns!«, höre ich als empörten Zwischenruf. »Während Assad weiter im Luxus lebte!« Wieso habe der Westen so schnell gegen den IS intervenieren können und gleichzeitig bei Assads Verbrechen, die denen des IS in nichts nachstanden, die Füße stillgehalten?

Jahrelang fühlte die Bevölkerung sich von der Welt im Stich gelassen und litt unter Strafmaßnahmen, die eigentlich Assad galten. Selbst mein Onkel, ein eingefleischter Assad-Gegner, klagte am Telefon, dass ihm die Sanktionen die Luft zum Atmen nähmen. So zieht sich ein Motiv durch alle Gespräche: die Sanktionen als Wurzel allen Übels – Ursache für Stagnation, Elend, Armut und den täglichen Wahnsinn in den Elendsvierteln der verbliebenen Städte Syriens.

Die Löhne sind am Boden. Um überhaupt überleben zu können, haben die Menschen zwei, drei oder vier Jobs gleichzeitig. Arbeiten vom frühen Morgen bis Mitternacht. Nur nicht krank werden. Das öffentliche Gesundheitssystem ist nicht nur hoffnungslos unterfinanziert, hinzu

kommt – als hätte Gott einen besonders zynischen Humor –, dass für eine Nacht im Krankenhaus auch mal ein ganzes Monatsgehalt draufgehen kann. Was nützt einem Demokratie und Freiheit, wenn man weiterhin von der Hand in den Mund lebt? Die Aufhebung der Sanktionen wird zum vermeintlichen Allheilmittel hochstilisiert, zur sofortigen Lösung aller Probleme. Deshalb lieber den Ball flach halten. Kein Verbrechen, sondern mehr ein Fehler, ja, ein Kollateralschaden. Eine Ungerechtigkeit, aber keine Ungerechtigkeit, die die westlichen Sanktionen weiter rechtfertigen sollte.

Statt Empörung gibt es ein Achselzucken: »Da müssen die Alawiten jetzt auch durch.« Aber warum müssen sie überhaupt »da durch«? Haben sie nicht auch gelitten? Beinahe teilnahmslos sprechen die Menschen von den »Ereignissen an der Küste«, die die Aufhebung der Sanktionen wohl erschweren werden. Eine technische Sachfrage. Ich fühle mich an früher erinnert, als regimetreue Stimmen von der Zeit »vor den Ereignissen« und »nach den Ereignissen« (2011) sprachen – als ließen sich auch hier Bombardierungen, Foltergefängnisse und Vertreibungen auf bloße Tatsachenbeschreibungen reduzieren.

Ob Alawiten, Drusen, Sunniten, Schiiten, Christen oder Kurden, alle haben gelitten, alle teilen das Leid, und doch zerfällt der öffentliche Opferanspruch in konfessionelle und ethnische Linien. Syrer, denen ihre Religionszugehörigkeit nie wichtig war, sehen im vergangenen Bürgerkrieg plötzlich den Versuch, die Sunniten auszulöschen. Alawiten fühlen sich von der Assad-Clique missbraucht und fürchten ihr eigenes Ende. Kurden, Drusen, Sunniten, Christen – jeder leidet für sich. Identity Politics syrischer Art.

»Sie haben die Nation in religiöse Konfessionen und Staaten gespalten«, sagte der Drusen-Führer Sultan al-Atrasch 1925, als er zum Aufstand gegen die französische Mandatsmacht aufrief. Dieser Satz scheint den heutigen Syrern nicht fremd zu sein. Man hört ihn, paraphrasiert, auch heute noch oft in Gesprächsfetzen, zum Beispiel beim Friseur. Und gerade deshalb frustriert es mich, dass die Syrer zwar erkennen, dass der Schlüssel zu ihrer Freiheit und Autonomie gerade in ihrer Solidarität liegt, also in der Anteilnahme am Leid der anderen, aber nicht danach handeln. Die Aufhebung der Sanktionen könnte gerade durch diese Handlungsmaxime ja sogar schneller erreicht werden.

Und inmitten dieser spannungsgeladenen Tage kommt es am 10. März zu einem Abkommen zwischen der syrischen Übergangsregierung und der kurdischen Selbstverwaltung im Nordosten. Obwohl auf sehr wackeligen Füßen stehend, löst es überschwängliche Begeisterung aus – ein Funken Hoffnung nach den Schreckensnachrichten aus der Küstenregion. Man hofft auf die Zusammenarbeit mit dem Westen, »seht, es klappt mit den Minderheiten!« Und damit rückt die erträumte Aufhebung der Sanktionen wieder in greifbare Nähe. Das ist aber keine Garantie dafür, dass sie bei der nächsten Nachricht nicht wieder in weite Ferne rücken könnte.

Das ist die Dynamik, die die Gemütslage der Menschen in Syrien bestimmt. Eine Achterbahnfahrt der Gefühle, angeheizt durch einen unsteten Strom von Nachrichten. Mittendrin kommen nach langer Abwesenheit Verwandte aus dem Ausland zu Besuch, schwelgen in Nostalgie, geben hier und da ein paar Dollar oder Euro aus und kehren dann freudestrahlend nach Europa oder sonstwohin zurück. »Vielleicht kaufen wir uns bald eine kleine Wohnung, machen einen Laden auf«, heißt es mit leiser Euphorie; doch allzu ernst ist das nicht gemeint. Erst mal abwarten, vielleicht fünf oder zehn Jahre. Aus sicherer Entfernung kann man die Lage beobachten, abwägen – und wenn es sein muss, einfach wegbleiben. Die Daheimgebliebenen verharren derweil in Syrien: im Würgegriff der Sanktionen, der Stagnation, der Armut, des permanenten Drucks.

Und ich kehre in die sichere Ferne zurück. In Beirut setze ich im Rausch der Eindrücke meine Recherche fort. In der Geschichte Syriens entdecke ich regelrechte Möglichkeitsräume, die durch innere oder äußere Kräfte jäh abgewürgt wurden. Manche Länder haben nur eine einzige vielversprechende Phase, Syrien dagegen ist reich an solchen Momenten: vom Syrischen Kongress 1920, als in einem Kompromiss zwischen islamischen und liberalen Kräften die erste arabische Demokratie greifbar schien, über die konfessions- und ethnienübergreifende Revolte gegen die französische Mandatsherrschaft 1925; die erste syrische Demokratie 1946, dann der Damaszener Frühling der frühen 2000er Jahre. Nur zehn Jahre später folgten die friedlichen, demokratischen Proteste von 2011. Syrien, egal ob ich es aus der Perspektive eines Syrers, eines Deutschsyrers, eines Deutschen oder eines Politikwissenschaftlers betrachte, ist für mich ein Land der verpassten Chancen. Der Gedanke daran ein ständiger Stachel, der mal stärker, mal schwächer sticht.

Zurück zu meiner Eingangsfrage: Ja, was mache ich jetzt mit Syrien? Das Syrien meiner Jugend gibt es nicht mehr, und das neue Syrien ist mir in schöner und auch hässlicher Ambivalenz begegnet. »Was ist Jerusalem wert?«, fragt Balian von Ibelin, gespielt von Orlando Bloom, in dem Film *Königreich der Himmel* (2005) Saladin, gespielt vom syrischen Schauspieler Ghassan Massoud. Saladin wendet sich von seiner Armee ab und sieht Balian an: »Nichts!« Er geht auf seine Armee zu, bevor er sich wieder Balian zuwendet: »Alles!« Für manche deutschen Leserinnen und Leser, die meinen Erlebnisbericht lesen, mag Syrien nichts sein, kaum mehr als eine Fußnote im Weltgeschehen, für die Drusen, Sunniten, Schiiten, Alawiten, Kurden und Christen ist es alles. Für mich ist es beinahe alles. Es wäre eine grausame Ironie, wenn sich der Sturz Assads, dieser neue mögliche Erfahrungsraum, diese plötzliche Wendung, diese Rückkehr der Geschichte, in das syrische Alphabet der verpassten Chancen einreihte.

Durch Mitteleuropa mit dem Zug – die Rail Baltica

Von Michaela Maria Müller

Meine Reise beginnt an einem Vormittag Ende Januar 2025. Von Berlin-Gesundbrunnen nehme ich den EuroCity nach Warschau. Ich bereise die Rail Baltica. Ihr Ausbau ist ein Infrastrukturprojekt, das Polen, Litauen, Lettland und Estland per Bahn verbindet. Um das Baltikum an das europäische Bahnnetz anzubinden, werden 870 Kilometer Schienen neu verlegt. Dort wird derzeit noch auf russischer Breitspur gefahren. Seit Anfang des Jahres haben die Länder zunächst einen gemeinsamen Fahrplan.

Von Berlin aus liegen mehr als 3000 Bahnkilometer vor mir, einmal Tallinn und zurück.[1] Noch ist die Reise etwas umständlich, was mich nicht abhält: Ich habe Tickets über Teilstrecken bei unterschiedlichen Eisenbahngesellschaften gelöst. Sie bringen mich über Vilnius nach Riga bis Tallinn an die Ostsee.

Von Berlin nach Warschau

Auf dem Triebwagen der polnischen Bahngesellschaft PKP steht in blauer Schrift »Baltic Express«. An der Oder rollt der Zug langsam über den Fluss und seine Auen. In dieser Jahreszeit sind der Boden und die blattlosen Bäume mit ein wenig Schnee bezuckert.

Der Amtsantritt der Regierung Trump II liegt einige Tage zurück. Die Frau des Präsidenten trug einen Hut in Wagenradgröße, der für Aufsehen sorgt. In den sozialen Medien machen noch immer Memes davon die Runde. Aber nicht nur der Hut lässt Böses ahnen. Auf den Plattformen des US-amerikanischen Internetkonzerns Meta sind plötzlich Inhalte, die mit den Hashtags »democrats« und »abortion« versehen sind, nicht mehr auffindbar. Die Nutzer und Nutzerinnen bekommen

---

1   Der Brite Mark Smith reist seit 2007 mit dem Zug durch die Welt. Seine Recherchen haben die Planung deutlich vereinfacht (https://www.seat61.com/trains-and-routes/vilnius-riga-tallinn-by-train.htm).

einen Eindruck, wie Sprache und Information dieser verordneten Vorstellung von Realität untergeordnet werden sollen.

In Zbąszynek, zwischen Frankfurt und Poznań, kommt der Zug außerplanmäßig zum Halten. Informationen werden von Fahrgästen vom Polnischen ins Deutsche und Englische übersetzt und wandern durch die Waggons: Die Strecke bis Poznań ist ohne Strom. Eine Weiterfahrt bis auf Weiteres nicht möglich.

Wir werden nach draußen in Busse gebeten. Am Bahnhofsvorplatz bilden sich lange Schlangen zum Einstieg. Ob die Zahl der Busse für die Wartenden reicht, ist zunächst unklar. Gepäck wird eilig im Busbauch verstaut, Kinderwägen zusammengeklappt, Babys auf den Arm genommen. Alle möchten die Reise fortsetzen, so schnell es geht.

Ich lese während des Wartens über die Geschichte von Zbąszynek. Nach Abschluss des Versailler Vertrags verlief hier die neue Grenze zwischen dem Deutschen Reich und Polen. Zbąszynek (Neu-Bentschen) und Zbąszyń (Bentschen) waren Grenzbahnhöfe.

Ende Oktober 1938 strandeten 17 000 polnische Juden und Jüdinnen aus dem Deutschen Reich hier, die bei der von Heinrich Himmler und dem Auswärtigen Amt angeordneten sogenannten Polenaktion deportiert werden sollten.[2] Das Land Polen verweigerte jedoch die Einreise. Unter menschenunwürdigen Bedingungen mussten dort Tausende einen Winter lang ausharren. Die Einwohner und Einwohnerinnen von Zbąszyń und jüdische Hilfsorganisationen in Warschau versorgten die Menschen.

Unter ihnen befand sich die Familie Grünspan aus Hannover. Ihr Sohn Herschel war bereits 1936 als Minderjähriger allein nach Paris zu einem Onkel geflüchtet. Dort erreichte ihn am 3. November 1938 eine Karte seiner Schwester Berta, die ihm die desolate Lage in Zbąszyń schilderte. Der siebzehnjährige Grünspan besorgte sich daraufhin einen Revolver, begab sich in die deutsche Botschaft und verübte ein Attentat auf einen Mitarbeiter, der kurze Zeit später an den Folgen verstarb. Die nationalsozialistische Regierung nahm das Attentat als Vorwand für die Novemberpogrome. Die Familie Grünspan wurde im Laufe der Verfolgung auseinandergerissen, Herschels Spur verliert sich 1942.

Wir, die Passagiere des EuroCity, fahren in einer Buskolonne bis Poznań und steigen dort in einen Ersatzzug. Es ist bereits dunkel, als wir Warschau viereinhalb Stunden später als geplant erreichen. Ich verlaufe mich in den Untergeschossen des Bahnhofs Warszawa Centralna, der in eine Etage des benachbarten Einkaufszentrums mündet. An der Schwelle geht die Funktionalität des 1975 fertiggestellten Bahnhofsgebäudes über in die Verheißungen einer hell ausgeleuchteten Warenwelt. Ich versuche, mich dazwischen mit meinem Smartphone zu orientieren, ehe ich endlich den Ausgang finde, der am nächstgelegenen zu meiner Unterkunft ist.

Am Präsidentenpalast in der Innenstadt ist Ende Januar noch der Weihnachtsmarkt aufgebaut. Seine Beleuchtung scheint die Nacht über ins Hotelzimmer. Am nächsten Morgen eine halbe Stunde Fußmarsch zurück zum Bahnhof. Als ich mich in der Morgendämmerung dem Kulturpalast nähere, erlischt die Beleuchtung. Die Stadt erwacht.

---

2 Uwe Rada, *Die vergessene Abschiebung*. In: *taz* vom 18. Juli 2018.

Von Warschau nach Vilnius

Einmal am Tag, um 7.55 Uhr, gibt es eine Verbindung nach Vilnius. Der Zug fährt am Peron 1, Tor 2 ab und trägt den Namen des tiefsten polnischen Sees, Hańcza, in der Woiwodschaft Podlachien. Der See ist bis zu 113 Meter tief und Teil der polnisch-litauischen Seenplatte. Wir durchqueren sie auf dem Weg.

Nach Białystok rollt der Zug lange nah der polnisch-belarusischen Grenze. Die Gegend draußen ist dünn besiedelt, eine Hügellandschaft mit kleinen Seen und weiten Wiesen. In Belarus wird einige Tage später der Machthaber Alexander Lukaschenko zum siebten Mal zum Sieger einer Präsidentschaftswahl ausgerufen werden, angeblich mit 87,6 Prozent der Stimmen.

Wir kommen in den Suwałki-Korridor, wie Nato-Militärstrategen ihn nennen. Seit der russischen Besetzung der Krim 2014 ist er einer der militärisch neuralgischsten Punkte Europas. Auf der Karte nimmt er sich als Engstelle zwischen Polen, Litauen, Belarus und Kaliningrad aus. Er ist 65 Kilometer schmal. Im Falle einer Besetzung durch Russland würde er das verbündete Belarus und die russische Exklave Kaliningrad miteinander verbinden und die baltischen Staaten auf dem Landweg von Europa abschneiden.[3]

Der Zug wird langsamer, als wir in das Grenzgebiet zwischen Polen und Litauen kommen. Kurz hinter der Grenze steigen wir um. Im Baltikum fahren die Züge noch auf russischer Breitspur, in Polen hingegen auf der in Europa üblichen Normalspur. Auch deshalb ist die Rail Baltica so

bedeutsam. Man will sich endlich ganz abkoppeln vom russischen Einfluss, so schnell wie möglich.

Für den 8. Februar 2025 ist ein weiterer, wichtiger Schritt geplant, um die infrastrukturelle Abkoppelung voranzutreiben. Die baltischen Länder wechseln in das europäische Stromnetz, zehn Monate früher als geplant. Noch sind sie mit dem russischen verbunden, seit Mai 2022 beziehen sie allerdings keinen Strom mehr. Leitungen, die fünfundsechzig Jahre lang durch diese Länder liefen, werden nun demontiert. Kaliningrad wird dadurch energietechnisch zur Insel. Ohne Störgeräusche von mutmaßlich russischer Seite läuft der Wechsel daher freilich nicht ab. Begleitet wird die Umstellung von Cyber-Attacken und Desinformationskampagnen.[4]

Außer uns, den Fahrgästen in Transit, hält sich niemand am Bahnhof Mockava auf. Im weißgetünchten Bahnhofsgebäude scheint Licht aus einem der drei Fenster. Auf den Nebengleisen warten Güterzüge auf die Weiterfahrt. Wenn die Strecke eines Tages fertig ausgebaut ist, wird ein Schnellzug fahren und Güterverkehr durchgängig möglich sein.

Nach einer halben Stunde kommt der Zug aus der Gegenrichtung. Wir steigen um. Alles passiert in weitgehender Stille, ohne Lautsprecheransage und im abnehmenden Tageslicht. Koffer und Taschen werden hinaufgehievt, Menschen nehmen ihre Plätze ein. Die Fahrt geht weiter. In Natalina werden Baumstämme aufgeladen, in Marijampolė warten Militärfahrzeuge auf Rampen auf den Weitertransport.

3 Felix Ackermann, *Die Gedächtnislücke von Suwałki*. In: *Merkur*, Nr. 884, Januar 2023.

4 Timothy Rooks, *Baltische Staaten schalten russischen Strom ab*. In: *DW* vom 8. Februar 2025 (www.dw.com/de/baltische-staaten-schalten-russischen-strom-ab/a-71512678).

Um halb sechs sind wir in Vilnius. In der Eingangshalle spielt ein Trio Stücke für Violine, Viola und Violoncello für die Ankommenden und Abfahrenden. Bald soll das Bahnhofsgebäude umgebaut werden. Den Wettbewerb hat 2021 das Büro Zaha Hadid mit einer langgeschwungenen Dachkonstruktion gewonnen, die an eine Sprungschanze aus dem Wintersport erinnert.

Draußen kitzelt die Kälte in der Nase. Die Zielanzeiger der Busse zeigen abwechselnd die Endstation und dann die Botschaft »Vilnius – Ukraine«, verbunden durch ein gelb strahlendes Emoji-Herz. In einer hellerleuchteten Mehrzweckhalle tanzen zwei Menschen Tango.

Georges Perec schreibt in *Träume von Räumen* über fremde Städte: »Man bewahrt sich von diesen kaum berührten Städten eine Erinnerung von unbestimmbarem Zauber: geradezu die Erinnerung an unsere Unentschlossenheit, an unsere zögernden Schritte, an unseren Blick, der nicht wusste, wohin er sich wenden sollte und dem fast schon ein Nichts genügte, um angerührt zu sein.«[5]

Vilnius

Am nächsten Vormittag treffe ich eine Frau, die als Oppositionelle Belarus verlassen musste. In ihrem Büro steht eine Couch, die mit Papieren und Kleidungsstücken belegt ist, am Fensterbrett ein paar selber gezogene Pflanzen in Joghurtbechern. Vor ihren Büroräumen weist kein Schild auf die NGO hin, für die sie arbeitet.

Wir essen von dem dunklen, stark gewürzten litauischen Brot und Kabanossi, die eine Kollegin vom Markt mitgebracht hat. Dann zeigt sie mir in der Nachbarschaft einen typischen Vilniuser Hinterhof. Dort spielt sich im Sommer das Leben ab, sagt sie. Ein wenig wie in ihrem Leben, denke ich. Für ihre Arbeit bei einer NGO ist Sichtbarkeit alles. Nun lebt sie hier im Exil und hat sich entschieden, kein Schild der Organisation, für die sie arbeitet, vor dem Büro anzubringen. Und doch macht sie weiter.

In der Markthalle lässt mich eine Frau, die ich hinter den goldgelben Gläsern mit Honig fast übersehen hätte, davon kosten. Sie reicht mir doppelt gefaltete Papierstreifen, auf die sie unterschiedliche Sorten gestrichen hat. Auf dem Wachstuch liegen Waben, in denen noch der Honig glänzt. Sie sind kunstvoll in Klarsichtfolie verpackt und mit feinem Nähgarn verschnürt. Ich esse sie auf dem Weg zum Hotel wie klebrige Bonbons.

Von Vilnius nach Riga

Vier Stunden dauert die Fahrt nach Riga. Die Landschaft ist der brandenburgischen ähnlich: Birken wachsen neben dem Bahndamm, dahinter abgeholzte Wälder, die auf Wiederaufforstung warten. Feldraine, die große Ackerflächen beschreiben. Darüber ein weiter Himmel. Die Grenze zwischen Litauen und Lettland liegt irgendwo zwischen dem Dorf Kalviai und dem Ort Eleja.

In Berlin lebe ich in der Nähe der Gedenkstätte Gleis 17. In einer langen Reihe sind 183 Bronzetafeln an der Bahnsteigkante in den Boden eingelassen. Sie erinnern an die Deportationen der jüdischen Bürgerinnen und Bürger Berlins. Am 27. No-

5   Georges Perec, *Träume von Räumen*. Übersetzt von Eugen Helmlé. Berlin: diaphanes 2024.

vember 1941 verließ der erste Zug mit 1053 Menschen die Stadt in Richtung Riga. Er erreichte den Vorort Šķirotava am 30. November. Im überfüllten Ghetto von Riga fanden die Menschen keinen Platz mehr. Alle wurden im Wald von Rumbula erschossen.

Um elf Uhr kommen wir an der Centrālā Stacija Rīga an. Der Himmel ist beinah wolkenlos, das Sonnenlicht gleißt über die Schieferdächer. Im Okkupationsmuseum sind nationalsozialistischer und stalinistischer Terror nur ein paar Schritte voneinander entfernt. Am 14. Juni 1941 wurden unter sowjetischer Besatzung 15 443 Menschen, am 25. März 1949 42 125 Menschen aus Lettland deportiert, ist auf einer Tafel zu lesen. Bei der letzten Welle der Verschleppung waren darunter 25 256 Frauen und 10 987 Kinder. An den nächsten Morgen waren ganze Dörfer und Straßenzüge verlassen.

Die Schriftstellerin Ricarda Messner zitiert in ihrem Debütroman *Wo der Name wohnt* eine Erklärung aus dem Familienarchiv zum Tod ihres Urgroßvaters Salomon Levitanus, der in einem Rigaer Gefängnis erschlagen wurde. Eine Geschichte, die Gestalt bekommt, durch die Generationen wandert.[6]

Riga ist im Februar 2025 mit anderen Dingen befasst. Der Film *Flow* des lettischen Regisseurs Gints Zilbalodis ist für einen Oscar nominiert. Die Hauptfigur, eine schwarze Katze, begegnet mir überall in der Stadt. Auf T-Shirts, in Schaufenstern, als Marzipanfigur in Konditoreien. Im Park kann man sich mit ihr und dem Stadtlogo fotografieren lassen.

Tallinn

Ich sitze im Zug und doomscrolle Nachrichten. Die Welt scheint seit dem Regierungswechsel in den USA immer mehr aus den Fugen zu geraten. In Tallinn erlaufe ich mir nach der Ankunft Boden unter den Füßen. Es ist ein kalter Montagvormittag. Ich gehe in einen Buchladen, auf dessen Jalousie das Wort »Bücher« vielsprachig zu lesen ist: Raamatud, Books, Bücher, Libros, Kirjat, Книги. Vor der russischen Botschaft haben Menschen ukrainische Flaggen, Blumen, Kerzen und Plakate vor die Absperrung gebracht.

Mein Hotel ist in der Nähe des Fährhafens im Bezirk Kalamaja. Daneben erhebt sich ein Betonkoloss, der sich in der Senkrechten in den Himmel und in der Waagerechten Richtung Ostsee erstreckt. Zwei Freitreppen streben nach oben. Das Laub des vergangenen Herbsts drängt sich noch in Ecken der Stufen. Jemand hat einen Satz darauf gesprayt, der sich über vier Stufen erstreckt: Self growth || is better || than || pussy. Oben angekommen, eröffnet sich eine lange Promenade. Die Linnahall wurde 1980 als Wettbewerbsort für die Olympischen Sommerspiele gebaut. Heute steht sie leer und verfällt zusehends. In der Stadt wird über die Weiternutzung debattiert. Auf der Promenade geht der Blick Richtung Helsinki, wo eines Tages die Rail Baltica enden soll: Polen, Litauen, Lettland, Estland und Finnland verbunden durch einen Tunnel, nicht mehr über eine Fährverbindung wie derzeit.[7]

6   Ricarda Messner, *Wo der Name wohnt*. Berlin: Suhrkamp 2025.

7   Jonathan Pritzlaff, *Rail Baltica: Wie eine Eisenbahnstrecke im Baltikum auch Finnland nutzen könnte*. In: DFG vom 7. Juni 2024 (www.dfg-ev.de/news/6755/rail-baltica-wie-eine-eisenbahnstrecke-im-baltikum-auch-finnland-nutzen-konnte).

Am nächsten Tag beginnt die Rückreise. Ich laufe von Kalamaja zum Bahnhof und kürze den Weg über eine Tankstelle ab. Dort betankt ein Soldat ein Militärfahrzeug. Sein Gesicht ist nicht zu erkennen, er trägt Tarnschminke.

BALTI JAAM, Baltischer Bahnhof, und TALLINN steht auf dem Gebäude. Es gibt keine Wartehalle, aber eine Burger-King-Filiale. Nebenan wurde ein alter Lokschuppen als Markthalle eingerichtet, wo es teuren Coffee-to-go und Lebensmittel gibt. Ich kaufe einen Cappuccino und ein dünnes Schmalzgebäck in der Größe einer Frisbee-Scheibe, das mit Hackfleisch gefüllt ist. Die russischsprechende Verkäuferin faltet das noch warme Gebäckstück zweimal und steckt es in eine Plastiktüte.

Der Zug durchquert Estland von Nord nach Süd. Es dauert drei Stunden bis Valga an der estnisch-lettischen Grenze. Draußen liegt Schnee, neben den Schienen gefrorene Wasserläufe. Wir halten in Jõgeva. Die Kleinstadt hält seit dem 17. Januar 1940 den Kälterekord des Landes mit minus 43,5 Grad, lese ich, während Passagiere ein- und aussteigen.

Im Konzentrationslager Sachsenhausen war am 18. Januar 1940 die Nachttemperatur auf minus 24 Grad gesunken. Der Kommandant Rudolf Höß befahl einen Stehappell. Alle, die an diesem Tag keine Arbeit bekommen hatten, mussten vor seinem Fenster erscheinen. Viele dieser Insassen waren bei der sogenannten Intelligenzaktion verhaftet worden, bei der im November 1939 Lehrende der Krakauer Jagiellonen-Universität in einen Hinterhalt gelockt und im Hörsaal bei einer vermeintlichen Informationsveranstaltung verhaftet worden waren. »Grausige Dinge habe

ich an diesem Tage gesehen«, schreibt der Überlebende Rudolf Wunderlich über die folgenden zwei Stunden im Januar 1940 im KZ Sachsenhausen.[8]

Der Zug ist fast leer, die meisten Mitreisenden fahren Teilstrecken. Zwischen Tapa und Tartu sitzt eine Frau neben mir, die in ihrem Kinderwagen ein schlafendes Baby, einen Chihuahua und einen Koffer transportiert. Auf der Hinfahrt saß ich immer in Fahrtrichtung, wollte wissen, was auf der Strecke als Nächstes vor mir liegt. Den Blick auf die vorausliegenden Schienen und die kommende Landschaft geheftet. Nun sitze ich entgegen der Fahrtrichtung. Was vor uns liegt, kommt schnell genug.

Vilnius-Berlin

In Mockava tauschen wieder Fahrgäste Zug und Plätze mit den Entgegenkommenden. Auch diesmal wie eine stille Choreografie, die ohne Probe auskommt. Ein Hin und Her am schmalen Bahnsteig. Im Zug kontrolliert ein litauischer Grenzbeamter die Ausweisdokumente, ehe wir die Reise fortsetzen. Diesmal sind viele Sprachen im Abteil zu hören: Spanisch, Englisch, Ukrainisch, Litauisch, Polnisch, Russisch, Deutsch, junge Menschen mit Rucksäcken auf Interrailtour. Ein Geschäftsmann spricht mit österreichischem Dialekt am Telefon.

In München beginnt die Sicherheitskonferenz. Der amerikanische Vizepräsident J. D. Vance wird als Redner erwartet.

---

8 Sebastian Christ, *Auschwitz-Häftling Nr. 2. Otto Küsel – der unbekannte Held des Konzentrationslagers*. Freiburg im Breisgau: wbg Theiss 2024.

»Es weht ein Hauch von München durch die Weltpolitik, und ich meine nicht die Sicherheitskonferenz«, schreibt der Politikwissenschaftler Georg Löfflmann auf Bluesky.[9] Ob Vance' Rede das Ende des transatlantischen Bündnisses bedeuten haben wird, werden Historiker und Historikerinnen beizeiten diskutieren.

9   Georg Löfflmann am 12. Februar 2025 auf *Bluesky* (bsky.app/profile/gloefflmann.bsky. social/post/3lhyv5atqfs2v).

Die Regierung Trump II beantwortet derweil Fragen zu ihrer Umbenennung des Golfs von Mexiko und kündigt an, dass Journalisten und Journalistinnen, die sich nicht an die neue Bezeichnung halten, von Pressekonferenzen ausgeschlossen werden sollen. Die Oderauen bei Frankfurt sind bei meiner Rückkehr schneebedeckt. Ich setze mich wieder in Fahrrichtung. Es ist schwer, nach vorn zu blicken, und doch die einzige Möglichkeit, der Gegenwart zu begegnen.

Sezession der Gemüter: Korrekturen I

Von Helmut Müller-Sievers

Vor ein paar Wochen habe ich hier öffentlich geglaubt,[1] die heranziehende Katastrophe der USA in kollektiver mentaler Sezession in meinem blauen Städtchen zumindest anfänglich durchstehen zu können. *Life comes at you fast.* Nicht nur ist es unmöglich, einen Informationswall so um sich aufzubauen, dass man nicht ganz verdummt, zugleich aber den Kontakt zu lieben Freunden nicht verliert, auch das Dauerfeuer der Erlasse hat mittlerweile fast jeden in meiner Freundesgruppe erreicht.

Eine Familie, die kurz vor der Adoption ihres Kindes stand, kann keine Agentur finden, die ihre Eignung überprüft, da dem Familienministerium die Mitarbeiter und Mittel gestrichen wurden; einer Unterneh-

1   Helmut Müller-Sievers, *Sezession der Gemüter.* In: *Merkur*, Nr. 909, Februar 2025.

mensberaterin brechen die Aufträge weg, da durch die Zollverwirrung kein Budget für Zweitrangiges bereitsteht und sie auch nicht willens ist, jeden Verweis auf soziale Gerechtigkeit in ihrer Praxis zu streichen; ein anderer Freund sorgt sich, da sein Onkologe schon zweimal einen Termin verschieben musste, weil er mit Kollegen in Washington Forschungsgelder loszueisen versucht. Einem Kollegen an der Uni, der im Winter mit einem brillanten und gänzlich unpolitischen Antrag eines der seltenen NEH-Jahresstipendien bekommen hatte, wurde dieses ohne Begründung in der letzten Woche gestrichen. Hinter all dem Chaos zeigen sich täglich klarer die schwelenden Ruinen eines Staats, dessen jahrhundertealte Institutionen und Praktiken binnen Wochen zu zerschmelzen scheinen.

Dies ist sicher keine Zeit für Fatalismus, und dennoch kann man sich der Einsicht in die geschickhafte Verfügung von Angreifer und Angegriffenen kaum entziehen. Was am höchsten ist, wird am tiefsten getroffen, die schärfsten Waffen treffen auf die schwächste Verteidigung. Beispielhaft für diese ochlokratische Logik ist der Angriff auf die »Elite«-Universitäten, der sich in den letzten Wochen dramatisch zugespitzt hat. Erst wurde Harvard angedroht, 9 Milliarden Dollar an zugesagten Projektgeldern einzufrieren, dann traf es zwei Universitäten, die mir besonders am Herzen liegen – Cornell, eine alles andere als snobistische Land-grant University, deren Kernmission Landwirtschaft, Ingenieurswesen und eine berühmte Hotelfachschule ist, sowie die Northwestern University (mein Arbeitgeber während neunzehn fast immer guten Jahren), die sich vor allem durch ihre Business School, ihre Medical School und durch frühzeitige Investitionen in Nano- und Gentechnologie in die Top Ten der US-Universitäten hochgeboxt hat.

Ihnen wurde der Geldhahn weniger dramatisch, aber doch lebensbedrohend zugedreht – eine Milliarde Dollar im Fall Cornells, 730 Millionen im Fall von Northwestern. In Cornell lähmt diese Sperre langjährige Projekte im Bereich Cybersecurity, Agrarwissenschaft, Militärstrategie und Waffenentwicklung sowie in der Krebsforschung, bei Northwestern unter anderem auch die Grundlagenforschung in der pharmazeutischen Chemie. Der ausgegebene Anlass in beiden Fällen ist der Unmut Trumps über die Konfliktschlichtung auf dem Campus nach dem Überfall auf Israel und in den Protestcamps gegen den Krieg in Gaza; der tiefere Grund ist der langgehegte Hass der MAGA-Bewegung auf die Ivy League, dem Trumps Vize J. D. Vance – selbst Absolvent der Yale Law School – mit dem Ruf nach der »Zerstörung« dieser Institutionen Ausdruck gegeben hat.

Man mag sich fragen, ob im MAGA-Universum niemand weiß, dass es sich bei diesen Universitäten um für die nationale Wirtschaft hochprofitable Forschungseinrichtungen handelt, um den effektivsten Einsatz amerikanischer Soft Power neben Hollywood und Hip-Hop. Natürlich weiß man das irgendwie, so wie man ja auch irgendwie weiß, dass durch die ausgerufenen Zölle in den nächsten zehn Jahren keine auch nur annähernd vergleichbare inländische Chip- oder Stahlproduktion entstehen wird. Man weiß auch, dass viele der gestoppten Forschungsprojekte nicht einfach ab- und dann wieder angestellt werden können – sie gehen für immer und ergebnislos verloren. Aber das ist eben die ochlokratische Energie, der es zuvörderst um das Austoben der Rache und des Ressentiments geht und dann darum, Bittsteller zu schaffen. »Wie Hunde kamen sie zu mir gekrochen« ist Trumps Lieblingsspruch über seine Gegner in seinem nie endenden Wahlkampf.

Das Fatale an dieser Situation, das man schon vor Trumps Wahlsieg während der Anhörungen der Präsidentinnen von Harvard, der Pennsylvania State University und des MIT beobachten konnte, ist die Mühe der Universitäten, eine differenzierte Haltung zu den Gaza-Protesten einzunehmen. Oft spät oder zögerlich haben sie auf die tatsächliche Bedrohung jüdischer Studierender reagiert; ausgerechnet Institutionen, die das letzte Jahrzehnt damit verbracht haben, Kataloge von Reizwörtern zu erstellen, die wegen ihrer traumatisierenden Wirkung auf keinen Fall benutzt werden dürfen, waren zunächst taub für die bedrohende Kraft der Parolen, Bilder, Gesten und Machenschaften, die sich mit den Zeltlagern auf dem Campus breitmachten.

Eine Campus-Universität ist immer auch ein Zuhause, das nun für jüdische Studierende und ihre besorgten Familien unsicher geworden war. Wäre es so schwer gewesen für die mit einem Riesengehalt und einem hochbezahlten Beraterstab ausgestatteten Universitätspräsidenten, gleich zu Beginn des Konflikts ihre Fürsorgepflicht für diese Studierenden gegen die Redefreiheit abzuwägen und sie aktiv und sichtbar zu schützen? Dass die eifrig Aufrufe unterzeichnenden Fakultätsmitglieder dieser Universitäten sich oft erst nach Anmahnung eine Verurteilung des Massakers vom 7. Oktober und der Geiselnahmen abringen konnten, bestätigte nur alle Vorurteile, die sich die Rechten vom Geistesleben in den Universitäten zurechtgelegt haben. Man konnte förmlich hören, wie sie sich immer hämischer die Hände rieben. Denn sie wussten, dass unter dem Deckmantel des Antisemitismusvorwurfs die Unabhängigkeit der Universitäten in allen ihren Facetten angreifbar wurde. Auf der Liste der Regierungsforderungen standen dann auch Änderungen der Berufungskriterien, die Einschränkung der Mitbestimmungsrechte der Fakultät, die Überprüfung von individuellen Forschungsprogrammen, selbst das Verbot von Masken.

Die gleiche Fatalität, in der sich eine Schwäche der Angegriffenen mit dem Übermaß an Aggression der Angreifer verbindet, charakterisiert den Kampf der Rechten gegen die in den letzten Jahren auswuchernde DEI-Industrie, die sich nicht nur in den Verwaltungen der Universitäten festgesetzt hat, sondern auch in der Wirtschaft Mitarbeiter oft in äußerst unangenehme Situationen brachte. Wer noch nie an einem DEI-Workshop über Mikroaggression oder Mitarbeiterführung hat teilnehmen müssen – oft von »Professionals« veranstaltet, die vom jeweiligen Arbeitszusammenhang keine praktische Kenntnis haben –, der weiß nicht, dass sich hinter und neben dem guten Willen zum Schutz der Schwachen ein hartnäckiger Wille zur Ausgrenzung und zur Identitätsformation verborgen hat. »Du darfst über diese Dinge nicht mitreden, weil sie dich nicht in deinem Wesen betreffen« – damit wurde die Entsolidarisierung ganzer Interessengruppen (wie etwa der Fakultät einer Universität) vorangetrieben, die jetzt, zerstritten und geschwächt, dem Ansturm der Streichungen und Entlassungen ausgesetzt sind. Dass diese Industrie ganz oben auf der Abschussliste der Trump-Ideologen steht, heißt nicht, dass man sie nicht von Grund auf überdenken sollte.

Alles ist in Auflösung, niemand kann sagen, was am nächsten Tag aus dem Weißen Haus angeordnet oder zurückgezogen wird, außer vielleicht, dass es eigentlich immer schlimmer ist, als man es sich vorstellen kann. Es ist in dieser Situation ungemein schwierig, über das eigene Überleben hinaus Pläne zu machen, an Widerstand zu denken und Politik zu entwerfen.

In meinem Freundeskreis werden zur Zeit vor allem drei ineinandergreifende Ansätze diskutiert, die aus dem Kreis der Fatalität heraushelfen können. Da ist zum einen das Buch *Abundance* der Journalisten Ezra Klein und Derek Thompson.[2] Sie nehmen die Verzögerung zwischen Gesetz und Wirklichkeit ins Visier – dass zum Beispiel die Gesetze, die in den siebziger Jahren die Bauindustrie regulieren sollten,

2 Ezra Klein / Derek Thompson, *Abundance*. New York: Avid Reader Press 2025.

heute dem dringend gebrauchten Ausbau des Wohnraums entgegenstehen. Diese grundsätzliche Verzögerung führt zu einer allgemeinen Angebotsverknappung, die wiederum zum Unmut der Wähler und dann in noch tiefere Armut führt. Implizit in diesem Buch – und explizit in den vielen Interviews – ist die Kritik am Vorrang des Verfahrens vor dem Ergebnis, das die Politik der Demokraten kennzeichne. Befürworter dieser Politik haben sich schon einen Namen gegeben (YIMBY-Democrats = Yes In My Backyard) und Zuspruch von jüngeren Politikern bekommen, so vom (schwarzen) Gouverneur von Maryland, Wes Moore.

Scott Galloway ist oft bewusst rüde und provokant. Der NYU-Professor spricht den Ivy-League-Universitäten, die ungeheure Stiftungsfonds verwalten und dennoch den Zugang zu Studienplätzen verknappen, jedes Recht auf Nachsicht ab. Sie seien »hedge funds that teach a few classes« und müssten sich völlig neu aufstellen, um sich gegen die Eingriffe der Politik zu immunisieren. Andererseits geht es Galloway um die gegenwärtige Verwahrlosung junger amerikanischer Männer. Ausgestattet mit darwinistisch anmutenden Tabellen über ihr Balz- und Brutverhalten – aber ohne feministische Errungenschaften anzuzweifeln oder gar dem Maskulinitätswahn der Tech-Bros das Wort zu reden –, stellt er Ratschläge und Anreize vor, um diese von der MAGA-Bewegung gekaperten Jungwähler von ihren Bildschirmen wegzulocken. Sein Buch *Notes on Being a Man* erscheint in diesem November.

Michael Lewis, Starautor solcher Bücher wie *Money Ball* und *The Big Short*, hat ein Buch geschrieben *(Who is Government?)* über Angestellte des öffentlichen Dienstes,

über all die oft selbstlosen, immer über-
lasteten Spezialisten, die nach Lösungen
suchen für Probleme, die sonst niemand
anpacken will oder kann. Ob Eloge oder
Elegie, das Buch spricht für die Menschen,
die zurzeit am härtesten von Elon Musks
Rationalisierungswahn getroffen werden.

Wir hier wissen nicht, wie viele Menschen diese Ideen und Hoffnungen mit
uns teilen. Wir freuen uns, dass Bernie
Sanders und AOC durch die Lande ziehen und die Menschen zusammenbrin-
gen, glauben aber nicht, dass von ihnen die
Neuerungen kommen, die wir brauchen.

Wir wissen nicht einmal, wo wir in diesem
Prozess des Verfalls stehen und ob Furcht
oder Hoffnung angebracht ist.

Life comes at you fast: Harvard hat heute, am 14. April 2025, die Forderungen der
Trump-Regierung zurückgewiesen und in
einem sehr deutlich formulierten Brief auf
seiner Unabhängigkeit bestanden. In diesem Brief findet sich auch eine ausführ-
liche Liste der Maßnahmen, die Harvard
zur Bekämpfung von Antisemitismus im
letzten Jahr vorgenommen hat und damit
dem Vorwurf der Regierung den Boden
entzieht. Ein wichtiger Schritt.

»Dummheit des Gescheitseins«: Trump und die Fassungslosigkeit der Experten

Von Christoph Paret

Seitdem Trump exzessiv Zölle verhängt
und wieder abrupt ausgesetzt hat, sind, wie
bei jeder Krise, die Experten gefragt. Die
Experten aber können kaum fassen, was geschieht. Ihre »Erklärung«? Trump selbst
ließe sich zu wenig von Experten erklären.
Als Experte sieht man da also vorwiegend:
die Absenz von Expertise. Nun ist es prin-
zipiell nicht ausgeschlossen, dass es irgend-
eine Form der Expertise gibt, die dem Gebaren der amerikanischen Regierung doch
eine gewisse Plausibilität verleihen kann:
Merkantilisten aller Länder, meldet euch!
Allerdings möchte ich an dieser Stelle einer anderen Hypothese nachgehen: Was,
wenn in der amerikanischen Politik nicht
nur vieles schief läuft, sondern wenn dort
vieles *dumm* läuft?

Das Problem wäre dann nicht, dass die
momentanen Weltläufe unerklärlich sind,
sondern dass sie eine Beleidigung für den
Verstand sind. Gewiss wird man Intellektuelle nicht die größten Opfer der momentanen Lage nennen wollen, sehr wohl aber
sind sie Opfer in ganz besonderer Weise:
Stell dir vor, es ist Krise, und sie entbehrt
jeglichen intellektuellen Reizes. Stell dir
vor, du müsstest eine Lage beschreiben,
die jeder Beschreibung spottet. Es gibt offenbar keinerlei Garantie, dass die »interes-
santen« Zeiten interessante sind. Eine Lage
kann ebenso sehr gefährlich sein wie zum
Gähnen.

Natürlich gibt es auch jetzt noch eine
Wahl, aber es ist die Wahl zwischen »Sane-
washing« und dem Entschluss, sich abzu-
wenden. Entweder sucht man nach guten
Gründen für augenscheinlich irre Ereignisse und wird darüber dumm, oder aber man
hält die Geschehnisse von vornherein für
zu dumm, um sich damit auch nur abzuge-
ben und liest lieber Kierkegaard. Im einen

Fall erweisen sich die Gründe, die man findet, als allzu fadenscheinig, im anderen Fall sucht man nicht einmal mehr nach Gründen. Der eine Fall entspricht dem Schicksal all jener Trump-Versteher und Trump-Rechtfertiger, die regelmäßig – und oft erstaunlich schnell – nach einer neuerlichen Volte des Gegenstands ihrer Rationalisierung dumm dastehen. Was nach Ansicht dieser Denker eben noch einem tieferliegenden Plan entsprochen haben soll, ist von Trump schon längst als Dummheit von gestern abgeschüttelt worden.

Der umgekehrte Fall, die neugierdelose Abfertigung als Dummheit von Anfang an ist natürlich selbst nur eine Form der Dummheit. Wer sich zu schlau oder zu fein für Trump vorkommt, vergisst: Intellektuelle haben sich einmal sehr viel darauf eingebildet, noch die spezifische Rationalität der als irrational Abgestempelten hervorzukehren. Die besten Bücher handeln von der Weisheit der Wahnsinnigen, dem elaborierten Denken der vermeintlich Primitiven, der bestechenden Logik der Verbrecher oder der Reichhaltigkeit der Popkultur: »Steige immer von den kahlen Höhen der Gescheitheit in die grünenden Täler der Dummheit«, notiert Wittgenstein in seinen *Vermischten Bemerkungen*.

Man verliert also so oder so: Wenn man mit den Dummen einmal den Anfang macht oder aber, wenn man zu schnell mit ihnen fertig ist. Was verliert man? Den eigenen Verstand. Der springende Punkt ist, dass man darüber, dass es dumm läuft, nur selbst verdummen kann. Dummheit ist sehr wohl ansteckend, weil sie sich unabhängig von Affirmation oder Kritik überträgt. Es gibt eine Unschlagbarkeit der Dummheit, die darin liegt, noch die Kritik an ihr dumm zu machen. Je offener

Dummheit zu Tage liegt, desto weniger Verstandesaktivität ist vonnöten, sie zu identifizieren und zurechtzurücken. Ab einem gewissem Grad an Dummheit kann auch die Korrektur einer Dummheit selbst nur noch dumm sein: weil sie viel zu naheliegend ist. Am Ende landet man bei Dummen, die Dumme Dumme nennen. Dialektik von Herr und Hein Blöd: Die intellektuellen Siege, die einem gegenüber Hein geschenkt werden, fährt man derart leicht ein, dass sie von Niederlagen nicht zu unterscheiden sind.

Lasst die Toten ihre Toten begraben, hat jemand gesagt. Lasst die Dummen ihre Dummen unterrichten, mag man da denken. Wie es aussieht, darf man – um den Preis der eigenen schieren Existenz als Intellektueller – von der Dummheit nicht ausgehen, denn man wird niemals wieder klug, wenn man einmal mit den Dummen angefangen hat. Man ist hier versucht, einen umgekehrten ontologischen Gottesbeweis der Intellektualität zu entwickeln, der von der Unvollkommenheit auf die Nichtexistenz schließt: So blöd kann jemand nicht sein, ergo kann er auch nicht sein.

Im Windschatten dieses »Beweises« allerdings feiern die Idioten erst recht ihre Erfolge. Sie haben so gar nichts Berechnendes an sich. Deshalb rechnet man mit ihnen nicht: »Zu den Lehren der Hitlerzeit gehört die von der Dummheit des Gescheitseins«, notieren Adorno und Horkheimer in der Endphase des Zweiten Weltkriegs (in der *Dialektik der Aufklärung*): »Aus wievielen sachverständigen Gründen haben ihm die Juden noch die Chance des Aufstiegs bestritten, als dieser so klar war wie der Tag. Mir ist ein Gespräch in Erinnerung, in welchem ein Nationalökonom aus den Interessen der bayrischen Bierbrauer die Unmöglichkeit der Uniformierung Deutschlands bewies. Dann sollte nach den Gescheiten der Faschismus im Westen unmöglich sein. Die Gescheiten haben es den Barbaren überall leicht gemacht, weil sie so dumm sind. Es sind die orientierten, die weitblickenden Urteile, die auf Statistik und Erfahrung beruhenden Prognosen, die Feststellungen, die damit beginnen ›Schließlich muß ich mich hier auskennen‹, es sind die abschließenden und soliden Statements, die unwahr sind.«

Dieser Dummheit des Gescheitseins, die Hitler möglich machte, korrespondiert allerdings das umgekehrte Gescheitsein der Dummen, die bloß sehen und sagen, was »so klar ist wie der Tag«, und die damit skandalöserweise auch noch Recht behalten: *I told you so!* Das ist eine für den Intellektuellen unerträgliche Vorstellung: Dass das Wahre zugleich das Offensichtliche sein könnte, dass sich die Wahrheit an den Dummen wegschenken, dass er mit der Nase auf die Wahrheit gestoßen werden könnte. Da leugnet man die Dummheit lieber gleich und erklärt den gesunden Verstand zur bestverteilten Sache der Welt: um den eigenen Verstand nicht zu verlieren.

Die intellektuelle Differenz muss, um den Preis der Intellektualität selbst, eine nur minimale Differenz bleiben. Man wird aus einem intellektuellen Austausch immer nur ein klein wenig intellektuelles Kapital schlagen wollen, andernfalls verliert man augenblicklich den Austausch selbst. Intellektuelle Vorteile dürfen, sollen es denn intellektuelle bleiben, nur in beschränktem Maß möglich sein. In Fragen des Gedankenaustauschs darf man

mit dem Dummen nicht rechnen, denn seine Existenz gefährdet im Reich des Gedankens eine ausgeglichene Handelsbilanz. Das Denken entspricht insofern ganz und gar *the art of the deal*, jedenfalls wenn man Adorno und Horkheimer glauben kann: »Das Vernünftige, in dem Sinne, der noch Chamberlain leitete, als er zur Zeit von Godesberg Hitlers Forderungen *unreasonable* nannte, besagt soviel, wie daß Äquivalenz von Geben und Nehmen innegehalten werden soll. Solche Vernunft ist am Tausch gebildet. Zwecke soll man nur vermittelt, gewissermaßen über den Markt erreichen, vermöge des kleinen Vorteils, den die Macht unter Anerkennung der Spielregel Konzession gegen Konzession herauszuschlagen vermag. Das Gescheitsein wird hinfällig, sobald die Macht der Spielregel nicht mehr gehorcht und zur unmittelbaren Aneignung schreitet.«

Dieser Übergang vom Tausch zum Raub markiert den Faschismus. Savoir-pouvoir? Weit gefehlt, hier trennen sich Wissen und Macht: »Dem Faschisten läßt sich nicht gut zureden. Wenn der andere das Wort ergreift, empfindet er es als unverschämte Unterbrechung. Er ist der Vernunft unzugänglich, weil er sie bloß im Nachgeben der anderen erblickt.«

Was heißt in dieser Lage dann aber noch denken? Es bedeutet, in einem Moment der Schwächung weiterhin die eigene Schwäche aufzusuchen. Zauberkraft des Denkens: Man wird siegen, sofern man es fertigbringt, sich selbst ein größerer Gegner zu sein, als es ein Faschist sein könnte. Denn: »Die eigene Fragwürdigkeit konkret zu bezeichnen freilich hat Denken stets wieder ausgereicht.« Deshalb schreibt man lieber davon, wie die Aufklärung sich selbst untergräbt, als darüber, wie der Faschismus sie untergräbt. Man schreibt eine *Dialektik der Aufklärung*.

Deshalb lässt man sich auch nicht dazu breitschlagen, nur weil der Faschist sich nicht an die Spielregeln hält, auf einmal das Spiel zu loben. Das Spiel war immer schon ein Falschspiel beziehungsweise das »Instrument des Privilegs in der Gleichheit«, wie Adorno und Horkheimer schreiben: »Wie im Tausch jeder das Seine bekommt und doch das soziale Unrecht sich dabei ergibt, so ist auch die Reflexionsform der Tauschwirtschaft, die herrschende Vernunft, gerecht, allgemein und doch partikularistisch, das Instrument des Privilegs in der Gleichheit. Ihr präsentiert der Faschist die Rechnung. Er vertritt offen das Partikulare und enthüllt damit die Ratio, die zu Unrecht auf ihre Allgemeinheit pocht, als selber begrenzt.«

Die Unberechenbarkeit des Faschisten ist seine Art und Weise, die Rechnung zu präsentieren. Und diese Rechnung ist nicht unbedingt falsch. Was auf Seiten des Liberalismus die Lüge des Universalismus war, wird im Faschismus zur Wahrhaftigkeit des Partikularismus. An anderer Stelle seufzen die Autoren: »Wie weit muß eine Gesellschaft gekommen sein, in der bloß noch die Schurken die Wahrheit sprechen.« Hier also die Lüge der Zivilisiertheit und der Anerkennung der Spielregeln, dort die Wahrheit der offenen Unterwerfung. Am Ende jedenfalls werden die Dummen weder von den Dummen beerdigt noch von den Schlauen. Nein, Horkheimer und Adorno zufolge erledigt das der Markt.

Nachdem man zwei Jahrzehnte die falsche Naturalisierung angeblicher Marktgesetze kritisierte, weiß man sie in letzter Zeit als letztes Bollwerk gegen die amerikanische Regierung durchaus zu schätzen: Hoch die internationale Solidarität? An einem Moment der Geschichte wusste man auch als Angehöriger der Frankfurter Schule die internationale Konkurrenz durchaus zu schätzen: »Der Fortschritt zur neuen Ordnung wurde weithin von denen getragen, deren Bewußtsein beim Fortschritt nicht mitkam, von Bankrotteuren, Sektierern, Narren. Gegen das Fehlermachen sind sie gefeit, solange ihre Macht jegliche Konkurrenz verhindert. In der Konkurrenz der Staaten aber sind die Faschisten nicht nur ebenso fähig, Fehler zu machen, sondern treiben mit Eigenschaften wie Kurzsichtigkeit, Verbohrtheit, Unkenntnis der ökonomischen Kräfte, vor allem aber durch die Unfähigkeit, das Negative zu sehen und in die Einschätzung der Gesamtlage aufzunehmen, auch subjektiv zur Katastrophe, die sie im innersten stets erwartet haben.« Und so bekommt am Ende jeder, was er will: Die Liberalen den Untergang der Rechten, die Rechten ebendiesen Untergang.

Gönn dir dich selbst
(Achtung: Heute mit Product Placement
und Könnte Sie auch interessieren)

Von Anke Stelling

»Bloß des, was do isch«, hat die Schwäbisch Gmünder Fachverkäuferin / Textil zu Dilek gesagt auf die Frage, ob's die weinrote Bluse wohl noch in Größe 40 gäbe, hinten im Lager oder wo auch immer, kurz mal herzuholen zur Anprobe und dann vielleicht käuflich zu erwerben, aber nein. Also – nicht: »Nein«, sondern: »Bloß des, was do isch.«

Dilek sammelt so was für mich, wenn sie zu Besuch bei ihren Eltern ist.

In Zeiten des Mangels und der Überforderung findet automatisch ein Rückgriff auf alles Mögliche statt – bei mir auf Aussprüche und Redeweisen. Ein ganzer Dialekt, der mich einst das Fürchten gelehrt und zur Flucht veranlasst hat, scheint mir plötzlich trostversprechend und hilfreich.

Bloß des, was do isch höre ich nicht mehr als bähmullige Absage einer Dienstleistung, als Aufforderung, mir meine Sonderwünsche sonstwohin zu stecken, sondern als Kurzformel für die Weisheit Bernhard von Clairvaux', jenes Zisterzienserabts aus dem 12. Jahrhundert, der seinem Schüler Papst Eugen dem Dritten gegenüber das schöne Bild einer Schale bemüht hat. Schale sollst du sein als Helfender (Dienstleister, Papst, Fachverkäuferin), Schale, nicht Kanal. Erst muss was drin sein, bevor du's weitergeben kannst, am besten wartest du, bis du ganz voll bist, gibst nur das, was quasi von selbst überfließt aus der Fülle; »Die Schale ahmt die Quelle nach«, hat Bernhard gesagt und damit suggeriert, dass auch Gott es so gewollt, weil so vorgemacht hat.

Heißt: Auch wenn die Verkäuferin vielleicht nur zu bequem war, nach hinten ins Lager zu gehen und mal nachzusehen – was das ist, was ich vermute und wovon ich denke, dass jeder es jederzeit vermuten würde, weshalb ich, als ich im Einzelhandel gearbeitet habe, stets nach hinten gegangen bin, selbst wenn ich sicher war, dass es dort nichts zu holen gab –, ist das nach Bernhards Weisheit und Unterweisung absolut legitim. Sie passt auf sich auf, sorgt dafür, dass sie nicht austrocknet.

Angstfreie, selbstbewusste Verweigerung.

Will ich ebenfalls können, anstatt zu glauben, ich würde für jedes Nichtgehen umgehend bestraft. Was aber eventuell auch daran liegt, dass ich nicht katholisch, sondern pietistisch erzogen wurde, Pflicht- statt Selbstbewusstsein stand bei mir auf der Agenda, und wer dann noch als Mädchen – also mit Diminutiv und Dienstgrad bereits im Namen – geboren ist, tut sich doppelt schwer, einem wie auch immer gearteten Herrn gegenüber zu behaupten, es sei gerade leider nichts zu holen, geschweige denn zu geben: »Nein.«

Dann ist ein solches *Nein* im Übrigen nicht nur ungewohnt zu sagen von der einen, sondern auch ungewohnt zu hören von der anderen Seite, dann wird die Schale schnell mal mit Füßen getreten, damit sie vielleicht doch noch zum Kanal werde, bämm.

Von euch hör' ich nichts, aber das muss auch nicht sein. Ich hör' euch auch ohne, dass ihr euch äußert, ich hab' in meinem Leben genug Kommentare unter Kolumnen gelesen, um Sorge zu tragen, was ihr jetzt wohl denkt. Genau so was mein' ich mit pietistischer Erziehung, genau diese Art von Angstmache, ich geh' lieber rasch zu Rewe – nein, natürlich nicht wirklich, aber hier im Text. Gegessen hab' ich heute schon, ein Müsli.

Immer wenn ich »Müsli« schreibe, muss ich an den Kommentar – nein: Leserbrief

damals noch – aus den Achtzigern denken, in der *Brigitte*, in dem ein Herr aus der Schweiz darauf hinwies, dass es nicht »Müsli«, sondern »Müesli« heißen müsse: Ein Müsli sei nämlich eine kleine Maus. So setzt sich das fest in mir, und wenn ihr jetzt hochrechnet, könnt ihr euch vorstellen, wie es insgesamt in mir aussieht: ein einziges Richtigmachen- und Berücksichtigenmüssen; dass ich mich überhaupt noch überwinden kann, was hinzuschreiben, ist wirklich erstaunlich, aber Rewe geht, die sind da nämlich selbst nicht ganz korrekt.

Haben letztes Wochenende hier im Einkaufscenter eine neue Filiale eröffnet und dafür mit einem Lockangebot operiert. Flyer verteilt und diese Obstbeutel, die irgendwann zur Müllvermeidung eingeführt und – nach meiner Beobachtung zumindest – nie so recht angenommen wurden, aber jetzt wurden sie genommen, weil es hieß, man dürfe sie sich in der neueröffneten Filiale mit Lebensmitteln füllen: umsonst. Und ihr wisst ja, was das für Instinkte weckt. Bei meinem Jüngsten auch, also zieht er los – ich bleibe, den Instinkt tapfer zügelnd, der Filiale gegenüber meines Hauses treu – und kommt wieder und sagt: »Nichts da, von wegen füllen, entweder Birne oder Banane, mehr gab's nicht, und dazu einen DJ, der *Brother Louie* spielt.«

Und ich denke, ach du Schande, ausgerechnet, da singt Thomas Anders nämlich »The flames grows higher«, und noch schlimmer, als ein S zu vergessen, ist, im Übereifer des Richtigmachens fälschlicherweise eines einzufügen, wo es nicht hingehört; was haben sie gelacht, die Amerika-Auslandsjahr-gestählten Mitschülerinnen und Mitschüler, ich hab' jedenfalls den Mund nicht mehr aufgemacht im Englischunterricht.

Der Junge mag keine traurigen Schulge- schichten seiner Mutter hören. Ist in sein Zimmer verschwunden. Wenn's in der ana- logen Welt außer Birne und Banane keine Beute zu machen gibt, wird weiter die vir- tuelle geplündert, aber halt, stopp – ich wollte keine Kinder als Sidekicks benutzen. Das hab' ich mir doch geschworen, fest ver- sprochen und verzweifelt vorgenommen: Wenn, dann tritt Dilek hier als mein Side- kick auf.

Die spielt weder Minecraft noch Fort- nite. Momoxt maximal mit mir mein Bü- cherregal, damit wir Cash haben, um uns unsere in den Ehejahren zugewachsenen Ohrlöcher wieder durchstechen zu las- sen; Dilek denkt, das bringt vielleicht was. Denkt auch über Fadenlifting nach. Ver- spricht, mir aus einem Orangennetz einen Kopfschmuck als Hingucker zu basteln, welcher dem, der bei Bijou Brigitte 24,90 kostet, in keiner Hinsicht nachsteht; »Lass lieber noch zu Daniela in die Buchhand- lung«, sagt Dilek, »und dort die neue Hei- ke Geißler kaufen«, und das machen wir dann. Und ja: Sie ist da.

www.tropen.de

Paola Lopez
Die Summe unserer Teile
Roman

256 Seiten, gebunden mit Schutzumschlag
ISBN 978-3-608-50272-5
€ 24,– (D) / € 24,70 (A)

Auch als @book

Die komplizierte Liebe zwischen Müttern und Töchtern und die große Frage, wie wir einander verzeihen können

Drei Wissenschaftlerinnen, drei Generationen, eine Familie. Die Großmutter flieht im 2. Weltkrieg aus Polen in den Libanon. Die Mutter verlässt den Libanon für ein Leben in Deutschland. Die Tochter muss für eine Zukunft zurück nach Polen. Ein berührender Roman über das Erbe unserer Mütter, das wir alle mit uns tragen.

»Drei Frauengenerationen in der Wissenschaft, eine kleine Weltreise durch das Jahrhundert – erschütternd und einfühlsam zugleich.« *Alina Bronsky*

Tropen

Der Merkur im Internet: Aktuelle Interventionen und Kommentare, Reaktionen auf Texte in der Druckausgabe, Blicke ins Archiv, Hinweise zu Tagungen und Links zu lesenswerten Artikeln und Essays online, zu finden unter:

www.merkur-zeitschrift.de/blog/

Demnächst:

Thomas Hertfelder
Von Weimar lernen

Gunnar Hindrichs
Philosophiekolumne

Timon Beyes
Soziale Farbe (II)